사람을
한눈에
알아보는
법

사람을
한눈에
알아보는
법

황현규 지음

초판 1쇄 2013년 1월 31일
초판 2쇄 2013년 6월 5일

펴낸곳 시간과공간사
등 록 1988년 11월 16일(제1-835호)
펴낸이 최석두
주 소 서울시 마포구 서교동 480-9 에이스빌딩 3층 우) 121-210
전 화 02)3272-4546~8
팩 스 02)3272-4549
이메일 pyongdan@hanmail.net

ISBN 978-89-7142-241-0 03320

성공하는
사람이 되기 위해
익혀야 할
39가지 기술

황현규 지음

사람을
Educational Background
한눈에
Appearance　Character
알아보는
Home Background　Liking
법

시간과공간사

남에게 당하지 않기 위해

알다가도 모를 것이 사람 마음이다. 오죽했으면 "열 길 물속은 알아도 한 길 사람 속은 알 수 없다.(水深은 可知나, 人心은 難知라.)"는 말이 생겼을까?

우리는 다른 사람 앞에 나설 때 저마다의 가면을 쓰는데 이는 속마음을 들키지 않기 위해서라고 할 수 있다. 자신의 일을 유리하게 이끌기 위해, 열등감을 숨기기 위해 또는 자신을 더욱 수준 높은 인간으로 보이기 위해 갖가지 가면을 쓰고 사람들 앞에 서게 된다. 물론 숨김없이 자신 그대로를 드러내는 사람들도 있지만 이는 아주 소수에 불과하다. 대부분은 속마음을 숨기고 교묘히 자신을 위장한다. 그래서 더러는 그러한 것들을 제대로 파악하지 못하고 낭패를 보는 등 여러 가지 쓸쓸한 체험을 하게 된다.

따라서 우리는 상대의 마음을 잘 읽고 어떤 사람인지를 제대로 파악해야 하는데 그러기 위해서는 남을 있는 그대로 볼 줄 아는 눈을 길러야 한다.

그렇다면 어떻게 해야 할까? 이 책을 손에 들고 있는 당신은 이미 사람 보는 눈의 테크닉을 얻은 셈이나 마찬가지다. 여기서 밝히고 있는 사람 보는 법의 대부분은 가면으로는 절대로 속일 수 없는 '인간의 실상'을 파악할 수 있는 방법들이다. 따라서 본서만 잘 숙지하면 남에게 속는 일은 절대 없을 것이며, 오히려 인간관계에 효과적으로 대처할 수 있는 방법들을 알게 될 것이다.

뿐만 아니라 이 책은 자기 자신을 판단하고 그 결점을 보완하며, 매력이 넘치는 자신을 만드는 데도 도움이 될 것이다. 부디 끝까지 잘 읽어 실생활에서 활용할 수 있게 되기를 바란다. 분명 그만한 가치와 기쁨을 느낄 수 있을 것이다.

차례

시작하는 글   남에게 당하지 않기 위해 · 4

서장   한눈에 사람을 아는 법

1__한눈에 상대방을 꿰뚫는 프로가 되기 위해 · 19
사람 보는 눈이 어두우면 손해 본다 | 상대방을 구체적으로 알아내려면

2__인간판단의 기본은 인상학에 있다 · 22
인상은 그 사람의 지문과 같은 것 | 걸음걸이도 인상

3__인상학은 언제 어디서 생겨났는가 · 24
석가모니와 32상 | 서양과 동양의 사람 보는 눈은 어떻게 다른가 |
인상은 바꿀 수 있다.

제1장   체형을 보고 사람을 아는 법

1__체형에는 세 가지 타입이 있다 · 31

2__명석한 두뇌의 심성질 · 33
가냘픈 체형, 처진 어깨 | 고독을 즐기는 성격 | 두뇌 노동이 천직
| 노이로제 체질 | 만년이 불우하다

3__처세에 능한 영양질 · 37
모두가 둥글둥글한 체형 | "싫다"는 말을 못하는 호인 | 사람을 상
대하는 직업이 적합하다 | 스태미나가 지속되지 않는 체질 | 정에
조심하라

4__터프한 행동파인 근골질 · 41
보기에도 우람한 역삼각형의 육체 | 경쟁심이 강하다 | 상하관계가

엄격한 직장이 적합하다 | 삽으로 막을 병을 가래로 막는다 | 만년의 생활은 안정되지만 고독하다

5__중국에서 분류한 14가지 인간상 · 46
위상 | 후상 | 청상 | 고상 | 박상 | 고상 | 악상 | 속상 | 부상 | 귀상 |
빈천상 | 고고상 | 수상 | 요상

얼굴형 · 이마 · 눈썹을 보고 사람을 아는 법   제2장

1__웃는 상, 우는 상 · 57
웃는 상이냐, 우는 상이냐가 얼굴 인상의 기본이다 | 웃는 얼굴은
자신과 주변에 행운을 가져다준다 | 울상을 웃는 상으로 바꾸려면
거울을 사용하라

2__얼굴형을 보면 상대를 알 수 있다 · 60
얼굴이 넓은 사람은 대담하고 행동적이다 | 얼굴이 좁은 사람은 세
심하고 견실하다 | 사각형 얼굴인 사람은 독재적이고 투쟁적이다 |
얼굴이 둥근 사람은 원만하고 소시민적이다

3__얼굴의 좌우를 보면 상대를 알 수 있다 · 63
얼굴의 좌우는 선천운과 후천운을 나타낸다 | 좌우 얼굴이 극단으
로 다른 사람은 이중인격이다

4__얼굴의 3분법으로 상대를 알 수 있다 · 65
상정은 타고난 숙명을 나타낸다 | 중정은 사회적 운을 나타낸다 |
하정은 50세 이후의 만년을 나타낸다

5__이마를 보면 상대를 알 수 있다 · 69
이마가 넓은 사람은 머리가 좋은가 | 이마가 좁은 사람은 지능이
낮은가 | 이마가 M자형인 사람은 독창력이 뛰어나다 | 각진 이마의
사람은 실무 능력이 뛰어나다 | 3자형 이마의 사람은 온순하고 선

량하며 여성적이다 | 동그란 이마의 사람은 재혼의 상이 있다 | 흩어진 이마의 사람은 도덕심이 결여되어 있다 | 튀어나온 이마의 사람 중 바보는 없다 | 발달한 이마와 후퇴한 턱은 지성을 나타낸다 | 후퇴한 이마와 발달된 턱은 야성을 나타낸다 | 이마에 흉터가 있는 사람은 운이 빗겨 나간다 | 어두운 빛깔의 이마는 조심하라 | 이마의 점은 위치에 따라서는 행운을 부른다

6_눈썹을 보면 상대를 알 수 있다 · 76

눈썹의 5분법 | 눈썹이 긴 사람은 부모복이 좋다 | 눈썹이 짧은 사람은 부모복이 없다 | 눈썹이 짙은 사람은 후계자가 많다 | 눈썹이 옅은 사람은 말재주가 있다 | 좌우의 눈썹 높이가 다른 사람은 이기적이다 | 눈썹이 일직선인 사람은 직선적이다 | 초승달 눈썹인 사람은 감성적이다 | 팔자형 눈썹인 사람은 빈틈이 없다 | 삼각형 눈썹인 사람은 활동적이다 | 용두호미형 눈썹인 사람은 존경 받는다 | 무장형 눈썹의 사람은 자기주장만 내세우는 억지파이다 | 웃을 때에 눈썹이 오르는 사람은 마음이 좋다 | 미간이 넓은 사람은 일찍 성공한다 | 미간이 좁은 사람은 늦게 성공한다 | 털이 무성하고 헝클어진 눈썹의 사람은 작은 일에 신경을 쓰다 큰일을 놓친다 | 웃을 때 우는 눈썹이 되는 사람은 불행하다 | 언제나 눈썹 뿌리를 모으고 있는 사람은 병약하다 | 자연스럽게 눈썹이 흩어지는 것은 흉조이다 | 눈썹으로 직업의 적성을 알아낸다

제3장　　눈 · 코 · 귀를 보고 사람을 아는 법

1_눈을 보면 상대를 알 수 있다 · 89

눈은 마음의 창 | 눈의 3대 분류법 | 매섭고 큰 눈의 사람은 지도자형이다 | 눈이 크고 온화한 사람은 표현력이 뛰어나다 | 눈이 작은 사람은 노력파로 말년에 성공한다 | 눈이 튀어나온 사람은 예리하고 조숙하다 | 좌우가 다른 눈을 한 사람은 금실이 나쁘다 | 우묵한 눈인 사람은 대인 관계에 서툴다 | 갈색 눈인 사람은 명랑하지만 경솔하다 | 검은 눈인 사람은 순정파이고 정열적이다 | 아래 삼백안은 굉장한 집념가이다 | 사방 삼백안은 흉상이다 | 위 삼백안은 간교한 지혜를 부린다 | 눈과 눈썹 사이가 넓은 사람은 인기인이 된다 | 눈과 눈썹 사이가 좁은 사람은 대기만성형이다 | 눈과 눈썹 사이가 넓고 삼백안인 사람은 흉상이다 | 눈동자가 좌우로 흔들리는

사람은 경계심이 많다 | 눈이 흐리멍덩한 사람은 오관이 둔하다 | 눈이 웃지 않는 사람은 마음이 차다

2. 눈꺼풀을 보면 상대를 알 수 있다 · 98

2_눈꺼풀을 보면 상대를 알 수 있다 · 98

외겹 눈꺼풀의 사람은 소심하고 인내심이 강하다 | 쌍꺼풀의 사람은 민첩하지만 경솔한 면도 있다 | 좌우가 다른 눈꺼풀은 이중인격이다 | 눈꺼풀은 젊음과 체력의 바로미터이다

3_귀를 보면 상대를 알 수 있다 · 101

귀는 뇌의 모양과 흡사하다 | 귀의 3대 분류법 | 귀가 큰 사람은 주의 깊다 | 귀가 작은 사람은 감정적이다 | 귀의 살집이 두터운 사람은 복이 있다 | 귀의 살집이 없는 사람은 불운하다 | 귀가 가지런하지 않은 사람은 재산을 못 모은다 | 귀가 정면에서 보이지 않는 사람은 리더의 상이다 | 복귀는 복을 부른다 | 귓불이 없는 사람은 돈과 인연이 없다 | 귀의 색깔로 사람을 아는 법 | 귀의 유년법

4_코를 보면 상대를 알 수 있다 · 108

코는 인격을 표현한다 | 코가 높은 사람은 자존심이 강하다 | 코가 낮은 사람은 자존심이 약하다 | 코가 긴 사람은 자존심이 높다 | 코가 짧은 사람은 결단력이 빠르다 | 코가 휘어 있는 사람은 수입이 불안정하다 | 콧대가 꺾인 사람은 투쟁적이다 | 매부리코인 사람은 금전만능주의자다 | 코가 둥근 사람은 태평스러운 재산가이다 | 코끝이 뾰족한 사람은 개성이 강하다 | 여성형 코의 사람은 의뢰심이 강하다 | 갓난아기형 코의 사람은 판단력이 무디다 | 코에 선이 나타나면 흉상이다 | 콧방울이 처진 사람은 부하복이 없다 | 코끝의 점은 파란을 몰고 온다 | 콧구멍의 크기가 다른 사람은 저축하지 않는다 | 콧방울이 뻗친 사람은 재산을 모은다 | 콧구멍이 큰 사람은 돈이 붙어 있지 않는다 | 콧구멍이 작은 사람은 겁쟁이다 | 붉은 코는 파산을 의미한다 | 코가 지저분한 사람은 가난하다

입 · 치아 · 턱 · 뺨을 보고 사람을 아는 법 　　제4장

1_입과 입술을 보면 상대를 알 수 있다 · 119

입은 생활력, 생존력, 본능을 나타낸다 | 입이 큰 사람은 호탕한 정력가이다 | 입이 작은 사람은 소심하고 투쟁력이 없다 | 입이 튀어나온 사람은 야성적이다 | 입이 들어가 있는 사람은 마음이 약하다 | 입술이 얇은 사람은 차갑고 타산적이다 | 입술이 두터운 사람은 정에 빠지기 쉽다 | 윗입술이 두꺼운 사람은 애정이 깊다 | 윗입술이 유난히 얇은 사람은 애정을 주지 않는다 | 아래턱이 더 내민 입의 사람은 애정이 없다 | 아랫입술이 들어가 있는 사람은 개성이 없다 | 입술이 일그러진 사람은 잔소리가 심하다 | 항상 입을 벌리고 있는 사람은 지능이 낮다 | 모나리자의 입은 인기를 끈다 | 극단적인 패구형의 입은 배우자 운이 없다 | 일자형 입의 사람은 일만 아는 사람이다 | 윗잇몸이 보이는 여성은 남성에게 약하다 | 웃어도 입이 우는 상의 사람은 환경이 나쁘다 | 윗잇몸을 드러내지 않고 웃는 사람은 마음이 젊다 | 아랫잇몸을 드러내는 사람은 마음이 차다 | 입술의 색깔을 보면 상대를 알 수 있다

2__법령을 보면 상대를 알 수 있다 · 129

깊은 법령은 생계의 독립을 가리킨다 | 법령의 좌우가 가지런하지 않은 사람은 불성실하다 | 법령이 입으로 들어가 있으면 생활고에 시달린다 | 법령이 입 가까이 접해서 하강하는 사람은 초혼에 실패한다 | 이런 법령은 만년에 부부가 이별한다

3__치아를 보면 상대를 알 수 있다 · 132

치아와 입은 일체관계에 있다 | 출치인 사람은 수완가이지만 색정적이다 | 반치인 사람은 수다스럽고 수완가이다 | 여성의 덧니는 좋은 상이다 | 치아 사이가 벌어진 사람은 부모덕이 없다

4__턱을 보면 상대를 알 수 있다 · 135

턱은 의지력을 나타낸다 | 풍성하고 둥근 턱은 도량이 넓고 침착하며 온화하다 | 턱이 뾰족한 사람은 고상한 취미를 가졌다 | 턱이 네모진 사람은 이성의 유무에 따라 다르다 | 턱이 없는 사람은 자기 본위로 불운하다 | 턱이 우묵한 사람은 정열적이다 | 턱이 움푹 팬 사람은 자신이 넘친다 | 이중턱의 사람은 밥걱정이 없다 | 턱이 작은 사람은 만년이 나쁘다 | 턱이 울퉁불퉁한 사람은 고집쟁이다 | 턱이 긴 사람은 정에 약하다

5__뺨을 보면 상대를 알 수 있다 · 141

볼의 살과 광대뼈는 서로 상의 의미가 다르다 | 볼이 풍부한 사람은 금전운이 좋고 인기인이다 | 볼이 빠진 사람은 인망이 없다 | 광대뼈가 뻗쳐 있는 사람은 생활력이 강하다 | 남성의 보조개는 흉상이다

목·어깨·가슴·등을 보고 사람을 아는 법   제5장

1__목을 보면 상대를 알 수 있다 · 147

인간은 목부터 늙는다 | 목이 굵고 팽팽한 사람은 호감을 준다 | 목이 야무진 데가 없이 굵은 사람은 게으르다 | 목이 길고 살집이 좋은 사람은 예술가 기질이다 | 목이 가늘고 빈약한 사람은 체력이 약하다 | 목이 짧은 사람은 터프한 리더형이다 | 목이 가늘고 머리가 큰 사람은 신경질적인 타입이다

2__어깨를 보면 상대를 알 수 있다 · 150

어깨는 권력의 상징 | 어깨가 넓은 여자는 남성적 요소가 많다 | 어깨가 떡 벌어지고 올라간 여자 | 어깨가 여윈 남성은 자식운이 나쁘다 | 오른쪽 어깨가 높은 남성은 여성 때문에 고생한다 | 오른쪽 어깨가 너무 높은 남성은 불량하다 | 어깨가 처진 남성은 여성적이다 | 어깨가 넓고 풍부한 사람은 섹스에 강하다 | 어깨가 오므라진 사람은 몸도 운도 나쁘다

3__가슴과 유방을 보면 상대를 알 수 있다 · 153

가슴의 모양 | 유방의 모양과 색깔을 보면 상대를 알 수 있다

4__등을 보면 상대를 알 수 있다 · 156

등은 그 사람의 마음을 반영한다 | 등이 단단하고 풍부한 사람은 강건하다 | 판자 위에서 자면 등의 상이 좋아진다 | 등이 굽은 사람은 남 밑에서 일생을 마친다 | 등이 여위어 있는 사람은 고독하게 산다 | 등뼈의 일부가 돌출해 있는 사람은 병이 있다

5__허리와 엉덩이를 보면 상대를 알 수 있다 · 159

허리의 살이 엷은 사람은 망설임이 많다 | 가는 허리의 여성은 화

류계에 어울린다 | 허리의 살이 두터운 사람은 생활이 안정적이다 | 엉덩이가 큰 여성은 성적으로 좋지 않다 | 엉덩이가 삐져나온 사람은 남의 위에 서지 못한다 | 엉덩이의 살집이 적당한 사람은 성감이 풍부하다

6__손과 발을 보면 상대를 알 수 있다 · 162

손은 밖에 나타난 뇌이다 | 손의 크고 작음 | 손이 큰 사람은 꼼꼼하다 | 손이 작은 사람은 큰 것을 좋아한다 | 손의 살이 두텁고 탄력 있는 사람은 노력가이다 | 손이 두텁지만 탄력 없는 사람은 성공하기 어렵다 | 손의 살이 엷은 사람은 행동력이 부족하다 | 첨두형 손인 사람은 섬세한 성격이다 | 원추형 손인 사람은 사교에 능하다 | 사고형 손인 사람은 성미가 까다롭다 | 글러브형 손인 사람은 여성적이다 | 주걱형의 손은 강렬한 행동력을 상징한다 | 소박형의 손인 사람은 야성적이다 | 혼성형 손인 사람은 다재다능하다 | 다리의 모양

7__점을 보면 상대를 알 수 있다 · 169

점은 인생에 영향을 주는 것인가 | 살아 있는 점과 죽어 있는 점을 구별하라 | 이마 위쪽 중앙의 점은 인내심을 나타낸다 | 이마 중앙부의 점은 파란이 많은 상이다 | 미간에 점이 있으면 대성공 아니면 대실패를 한다 | 두 눈 사이에 점이 있으면 성공률은 반반이다 | 콧마루의 점은 강한 개성을 나타낸다 | 코끝에 점이 있으면 일시적으로 성공한다 | 콧방울에 점이 있으면 돈이 붙어 있지 않는다 | 코의 바로 밑에 점이 있으면 자식복이 있다 | 입술에 점이 있는 사람은 먹고 살 걱정을 안 한다 | 턱 중앙에 점이 있으면 만년에 운이 좋다 | 눈썹 중앙 위쪽에 점이 있으면 교제에 뛰어나다 | 눈썹 속에 점이 있으면 학문과 예술 부문에서 성공한다 | 눈썹 꼬리 위에 점이 있는 사람은 경제적 고통이 없다 | 눈과 눈썹 사이에 점이 있으면 벼락출세한다 | 눈초리에 점이 있는 사람은 이성의 덕을 본다 | 아래 눈꺼풀에 점이 있으면 정이 많다 | 발바닥의 점은 암에 걸리기 쉽다 | 눈 아래쪽 중앙에 점이 있는 사람과 결혼하면 뛰어난 자식을 낳는다 | 콧마루 측면에 점이 있는 사람은 수입이 좋다 | 법령 위의 점은 중년에 재산을 모은다 | 윗입술 상부의 점은 풍족한 생활을 가리킨다 | 턱에 점이 있는 사람은 좋은 저택에서 산다 | 턱의 좌우 끝의 점은 리더형 | 목덜미에 점이 있으면 일용품 걱정이 없다 | 귀에 점이 있는 사람은 지혜가 있다

8__ 머리털과 수염을 보면 상대를 알 수 있다 · 180

머리털에는 세 가지 타입이 있다 | 머리털의 색깔 | 머리털의 질 | 수염과 색깔 | 성긴 수염을 기르는 사람은 태평스럽고 멋이 없다 | 책모가 즐겨 기르는 기인형 수염 | 콜먼 수염은 플레이보이형 | 웃음과 애감을 주는 채플린 수염 | 팔자형의 수염은 고지식하다 | 카이저수염은 자존심의 상징이다 | 풍성한 수염의 사람은 호쾌하다 | 속세를 초월한 사람이 잘 기르는 선인형의 수염 | 염소수염의 사람은 이상에 불타서 살아간다 | 덜렁거리고 경박한 두 줄 코밑수염

앉은 모습 · 말씨 · 걸음걸이를 보고 사람을 아는 법   제6장

1__앉은 모습을 보면 상대를 알 수 있다 · 189

바르게 앉는 사람은 인품이 훌륭하다 | 무릎을 떠는 사람은 경솔하고 돈복이 없다 | 넓은 자리를 독점하는 사람은 이해심이 없다 | 앞으로 기울이고 앉는 사람은 집중력이 없다 | 앉기만 하면 무엇에 기대려고 하는 사람은 체력이 약하다

2__말씨와 목소리로 상대방을 알 수 있다 · 193

빠른 말씨로 계속 떠드는 사람은 경솔하다 | 상대방을 보지 않고 말하는 사람은 비밀이 있다 | 중환자 같은 말씨의 사람은 일생동안 불운하다 | 무섭게 말하는 사람은 근본이 정직하다 | 대화 중에 궁상을 떠는 사람은 신용하지 말라 | 속삭이듯 말하는 사람은 비밀이 있다 | 제스처가 큰 사람은 자기주장이 강하다 | 손바닥을 위로 향하고 말하는 사람은 상대를 건성으로 듣는 사람이다 | 큰소리로 말하는 사람은 정직한 사람이다 | 턱을 내밀고 말하는 사람은 허풍이 심하다 | 상대의 말을 끝까지 듣는 사람은 큰 인물이 된다 | 느리게 말하는 사람은 성질이 느리거나 생각이 깊다 | 윗사람과 아랫사람을 다르게 대하는 사람은 실패한다 | 성공담이나 자랑만 하는 사람은 허영심이 강하고 거짓말쟁이다 | 실패담을 섞어서 말하는 사람은 마음에 여유가 있다 | 턱을 바짝 당기고 눈을 치켜뜨며 말하는 것은 상대방을 멸시하고 있다는 증거이다 | 웅변가의 말은 설득력이 약하다 | 눌변가의 말은 설득력이 강하다 | 상대방의 말을 가로채는 사람은 자기 본위이다

3_걸음걸이를 보면 상대를 알 수 있다 · 202

상체는 무겁지만 걸음걸이는 가볍게 가슴을 펴고 걷는 사람은 곤란을 극복하고 성공한다 | 양 어깨를 흔들고 걷는 사람은 성공하지 못한다 | 서둘러 걷는 사람은 성급하고 지레짐작을 잘한다 | 위를 쳐다보고 걷는 사람은 활력은 있지만 거만하다 | 밑을 보고 걷는 사람은 음침해서 성공하지 못한다 | 어깨를 으스대며 걷는 사람은 허세를 부리기는 하지만 소심한 사람이다 | 앞으로 기울이고 걷는 사람은 운이 열리지 않는다 | 뒤를 돌아보며 걷는 사람은 나쁜 생각을 품고 있거나 누군가에게 쫓기고 있다 | 두리번거리면서 걷는 사람은 경계심이 많고 마음이 동요하고 있는 사람이다 | 발소리를 크게 내고 걷는 사람은 교양이 없다 | 앞으로 넘어질 듯이 걷는 사람은 단명한다 | 마릴린 먼로의 걸음걸이는 무지하거나 색정으로 몸을 망친다 | 고양이처럼 굽은 등으로 걷는 사람은 재수가 없다 | 오각으로 걷는 사람은 애정운이 좋지 않다 | 아장아장 빨리 걷는 사람은 소심한 사람이다

제7장   자세 · 동작을 보고 사람을 아는 법

1_자세를 보면 여자의 마음을 알 수 있다 · 211

무언가에 기대려고 하는 여성은 의지할 남성을 원하고 있다 | 손으로 뺨을 괴는 여성은 두 번 결혼한다 | 팔짱을 끼는 여성은 배신을 잘하고 성욕이 강하다 | 단아하게 정좌하는 여성은 인품이 뛰어나다 | 오른쪽 어깨가 내려가는 여성은 사랑에 약하다 | 앉아도 침착하지 못한 여성은 색골이다 | 초면의 남성에게 곁눈질하는 여성은 바람둥이다 | 뻐드렁니에 눈이 가늘게 웃고 있는 것 같은 여성은 호인이지만 수다쟁이다

2_동작을 보면 여자의 마음을 알 수 있다 · 215

말을 걸면 땀을 흘리는 여성은 당신에게 호감이 있다 | 당신에게 사랑을 품은 여자는 얼굴을 붉힌다 | 구실을 내세워 남성의 집에 출입하는 여성의 사랑은 부담스럽다 | 존경심을 언동으로 나타내는 여성은 존경과 사랑을 동시에 품고 있다 | 아랫입술을 깨무는 여성은 짝사랑을 하고 있다 | 목소리가 고운 여성은 섹스에 능하다 | 특정한 남자에 대한 찬미는 사랑의 표현이다 | 다른 자리의 남성을

힐끔거리는 여성은 누군가에게 사랑을 받고 싶은 것이다 | 초면의 남성에게 말도 하기 전에 웃음부터 보이는 여성은 다정한 성격이다 | 핸드백에서 뭔가 쉴 새 없이 꺼냈다 넣었다 하는 여성은 유혹에 잘 걸려든다 | 당신과 말하는 도중에 한숨을 쉬는 여성은 고백할 사랑이 있다 | 특정한 남성 앞에서 말을 더듬는 여성은 고백하지 못해 괴로워하는 사랑을 품고 있다 | 입에 거품을 내며 말하는 여성은 다정하지만 고집이 세다 | 담배 연기를 세게 내뿜는 여성은 제멋대로이고 이상이 높다 | 성큼성큼 남성처럼 걷는 여성은 독립심이 강하고 자기주장이 강하다 | 특정한 남성에게 신상에 관해 말하는 여성은 사랑을 고백하는 것이나 다름없다 | 대화 중에 머리를 매만지며 촉촉한 눈을 하는 여성은 당신을 원하고 있는 게 분명하다 | 특정한 남성을 슬며시 눈으로 뒤쫓는 여성은 짝사랑에 고민하고 있다

인상학으로 질병을 알아내는 법 　제8장

1__질병도 인상에 나타난다 · 227
인상에는 의학적 4분법이 있다 | 뇌형의 사람은 허약한 체질의 일언거사 | 호흡기형의 사람은 담백한 성격으로 호흡기가 약하다 | 소화기형의 사람은 기운이 넘치는 대식가이다 | 근육형의 사람은 터프한 활동가이다 | 네 가지 기본 체형이 섞여 있을 경우 | 체형의 세 가지 타입과 의학적 4분법 | 체형에 따라 잘 걸리는 질환

2__몸의 형태를 보면 질환을 알 수 있다 · 233
어깨와 견갑골을 보면 질환을 알 수 있다 | 양 어깨의 높이를 보면 건강상태를 알 수 있다 | 견갑골의 위치로 질환을 알아내는 법

3__어깨와 견갑골을 보면 질환을 알 수 있다 · 236
양 어깨의 높이를 보면 건강상태를 알 수 있다 | 견갑골의 위치로 질환을 알아내는 법

한눈에 사람을 아는 법

1__한눈에 상대방을 꿰뚫는 프로가 되기 위해

2__인간판단의 기본은 인상학에 있다

3__인상학은 언제 어디서 생겨났는가

한눈에 상대방을 꿰뚫는 프로가 되기 위해

사람 보는 눈이 어두우면 손해 본다

눈앞에 있는 상대방이 어떤 인물인지 제대로 파악하는 것은 쉬운 일이 아니다. 긴 시간 친분을 쌓아 왔어도 상대방의 성격이나 생각을 쉽게 알 수 없는데 하물며 초면의 사람일 경우는 여간 어려운 일이 아니다. 사소한 실마리로 판단해야 하기 때문에 실수를 범하기 쉽다.

"연애는 아름다운 오해이며 결혼은 참혹한 이해이다."라는 말이 있다. 연인을 이상적인 사람으로 '오해'하고 있는 동안의 행복감은 이 세상 무엇에도 비길 수 없으리라. 하지만 세월이 지난 후 "그 사람의 성격을 제대로 잘 알았더라면 절대로 그 사람과 결혼하지 않았을 것이다." 하고 자신의 결정을 후회하는 사람이 많다. 그리고 "그 사람의 장점을 좀더 일찍 알았더라면 그 사람과 결혼했을 텐데……" 하고 후회하는 사람도 있다.

결혼뿐만 아니라 친구를 사귀는 데 있어서도 상대방을 속속들이 알지 못하면 불의의 피해를 입기도 하고 기회를 놓치게도 된다. 이러한 까닭에 '인간 판단법'이라는 것이 동서양을 막론하고 오래 전부터 연구되어 왔다. 그 발자취는 정신의학(精神醫學)의 발달사에서 볼 수 있다.

상대방을 구체적으로 알아내려면

세상에는 갖가지 점성술(占星術)이 있는데, 이것 역시 사람을 알기 위한 방법으로 발달한 것이다.

서양의 점성술은 점치는 상대방을 생년월일에 따라 12성좌(星座)로 나누고, 동양의 점성술이라고 할 수 있는 기학(氣學), 구성술(九星術)은 점치는 상대방을 태어난 햇수에 따라 아홉으로 나눈다. 이런 방법은 인간의 성격이나 운명을 태어난 연도와 월일로 정하려고 하는 데서 나온 것이다. 한편 성명판단에서는 '이름이 지어진 시점에서부터 당신한테는 이와 같은 성격이나 운명이 주어졌다'는 입장을 취한다.

점성술이나 성명판단의 역사는 오래며 현재도 많은 신봉자를 모으고 있다. 그러나 같은 시간에 태어났다고 해서 그들을 동일한 성격이나 운명으로 취급하는 것은 설득력이 없다. 또 같은 성, 같은 이름의 사람들을 한데 묶어 버리는 것도 마찬가지이다. 그보다는 체형(體型)이나 인상(人相), 버릇, 동작 등에서 개개인의 성격이나 운명을 구체적으로 파악하는 것이 옳은 인간 판단의 방법이 되는 것이다.

크게 성공한 사람과 같은 성, 같은 이름의 사람이 아주 보잘것없는 삶의 주인공으로 사는 경우도 많다. 점성술이나 성명학으로 볼 때 똑같은 운을 타고났지만 한쪽은 성공하고 한쪽은 실패한 것이다. 그 차이가 어디서 비롯되는가를 알려면 역시 인상학을 연구하지 않으면 안 된다. 바꾸어 말하면, 인상학에 정통하게 되면 초면인 사람에 대한 운명도 단번에 알아낼 수 있게 되는 것이다.

인상은 그 사람의 지문과 같은 것

앞서 말한 바와 같이 인간 판단의 방법은 여러 가지
가 있으며 나름의 전통이 있다. 그러나 필자는 인상만
이 인간 판단의 기본이라고 확신한다. 인상은 생년월
일이나 이름에 관계가 없으며 그 사람만이 지니고 있
는 고유한 '상(相)'을 제시하는 것이다. 따라서 인상학
에서는 같은 시간에 태어났거나, 동성동명의 사람이라
고 해서 그들을 획일적인 성격이나 운명으로 규정짓
는 일이 없다. '인간은 저마다 독립된 인격'이라는 당
연한 인식을 전제로 하고 있는 것이 인상학이다.

걸음걸이도 인상

인상학이란 얼굴만을 보고 판단하는 방법이 아니다.

인상이란 글자 그대로 '사람(人)의 상(相)'으로서 인체에 나타나는 모든 상을 말한다. 즉 몸매나 버릇, 이야기하는 모습, 걸음걸이까지도 포함시켜 판단하는 종합적인 방법이다. 성급하게 걷는 사람이 있는가 하면 유연한 자세로 걷는 사람도 있다. 인상학에 조예가 없는 사람이라도 양자의 걸음걸이로 미루어 성격의 차이가 어떻게 다른지 대체로 판단할 수 있을 것이다. 인상학은 그와 같은 단순한 관찰로부터 시작해서 연구에 연구를 거듭하고 통계적으로 집약한 결과물이다.

　이 책에서는 인상학을 기본으로 하는, 사람 보는 눈의 테크닉을 소개할 것이다.

3 인상학은 언제 어디서 생겨났는가

석가모니와 32상

중국에서는 인상학이 기원전 2300년경에 생겨났다. 중국의 옛 이야기에는 "상을 보았다."는 표현이 자주 나오며, 공자(孔子)의 일문(一門)에도 인상학에 조예가 깊었던 사람이 있었다고 한다. 그리고 인도에는 태곳적부터 인상학이 존재했다고 전해오는데, 석가모니가 태어났을 때에 그 상을 유심히 살펴본 사람이 "이 왕자님은 뛰어난 인물이 될 것입니다. 태어나면서 32상을 갖추고 있습니다. 장차 위대한 성제(聖帝)가 되시어 많은 사람들을 구제하실 것입니다."라고 예언했다. 그리고 그 예언대로 석가모니는 불타가 되었다.

서양과 동양의 사람 보는 눈은 어떻게 다른가

24

근세 유럽에서의 인상학은 18세기경부터 해부학적으로 두골(頭骨)의 연구가 진행된 탓도 있어 골상학(骨相學)의 스타일을 취하면서 발전하게 되었다.

이것은 머리의 형태를 몇 가지로 분류한 것인데, 예를 들어 두정골(頭頂骨: 두개(頭蓋)의 중심에 있는 좌우 한 쌍의 편평(扁平)하고 모가 난 뼈) 부분이 높은 사람은 사상이 높고, 평평한 사람은 사상이 평범하지만 생활력이 있다는 식으로 판단하는 방법이다.

한편 동양의 인상학은 얼굴 전체와 이마·눈썹·코·눈·귀·입의 모양, 체형(體刑), 행위, 버릇 등으로 사람을 판단하는 방법이다.

오늘날의 인상학은 동양의 것을 토대로 하고 서양의 골상학도 가미해서 발달되어 있다. 학문에 동서가 없다는 말은 인상학에 있어서도 예외가 아닌 모양이다.

인상은 바꿀 수 있다

일본의 미즈노 난보쿠라는 사람은 관상가로서 유명하여 「난보쿠상법(南北相法)」이라는 책을 저술할 정도였다. 난보쿠는 책에서 배운 것만으로는 불충분했던지 이발사, 목욕탕의 때밀이, 화장터의 인부, 의사의 조수로 일하며 인체에 대한 연구를 수년 동안 계속했다. 그런데 정작 그 자신은 몸집이 왜소하고 인상도 빈약하기 그지없었다. 제자들이 아무리 살펴보아도 단명, 병약, 빈곤의 상이었다. '천하에 제일가는 인상학의 대가 상이 왜 이처럼 나쁠까?' 하고 제자들은 이상하게 생각한 나머지 그 중 한 사람이 난보쿠에게 물었다.

"선생님은 저희 같은 천학한 사람이 보아도 하나같이 좋은 상이라고는 없이 전적으로 나쁜 상만 갖추시고 계십니다. 도대체 어떻게 된 까닭입니까? 게다가 선생님은 그 나쁜 상의 운명을 항시 초월하시고 있으니 이상합니다. 그 까닭을 가르쳐 주십시오."

그러자 난보쿠가 대답했다.

"그렇다. 나에게 좋은 상이 하나도 없다는 것은 확실하다. 그렇기 때문에 나는 병약한 운명의 상에 대해서는 양생(養生)으로 수신(守身)하고, 빈곤의 상에 대해서는 검약으로 생활을 지켜왔다. 또한 고독의 상이 있기 때문에 친구를 사귀는 데 늘 힘썼다. 이처럼 나는 나에게 나타난 모든 상을 하늘의 가르침으로 감사하며 운명의 전환에 전심전력하여 현재를 살고 있다. 모름지기 상을 연구하는 자는 함부로 상의 좋고 나쁜 것만을 문제 삼지 말고 상대에게 운명의 전환을 꾀하도록 자신을 갈고 닦을 것을 조언하지 않으면 안 된다."

이 말을 들은 제자들은 새삼 난보쿠의 위대함을 절실히 느꼈다고 한다.

이처럼 여러 독자들도 인상을 연구하고 인상에 나

타난 장점과 단점을 잘 분별하여 장점은 살리며 단점
은 노력해서 보완해 나간다면 얼마든지 자신의 운명
을 개척해 나갈 수 있을 것이다.

제1장

체형을 보고 사람을 아는 법

1__체형에는 세 가지 타입이 있다
2__명석한 두뇌의 심성질
3__처세에 능한 영양질
4__터프한 행동파인 근골질

체형에는 세 가지 타입이 있다

인간 판단법에는 사람의 체형을 다음의 세 가지 타입으로 분류하고 있다.

① 심성질(心性質) ─ 정신형(精神型)
② 영양질(營養質) ─ 비만형(肥滿型)
③ 근골질(筋骨質) ─ 투사형(鬪士型)

그러나 모든 인간을 이처럼 세 가지 타입으로 명백히 나눌 수 있는 것은 아니다. 실제로는 이 세 가지 타입이 서로 혼합되어서 다시 몇 종류의 혼합 체형으로 구분된다.

예를 들어 심성질 70%에 근골질 30%라는 비율의 체형을 하고 있는 사람도 존재하며, 영양질과 심성질이 대체로 50%씩 섞여 있는 경우도 있다. 혹은 세 가지 타입의 특성이 신체 각 부위에 나타나 있는 경우도 있다. 오히려 세상에는 이와 같은 혼합 체형의 사람이 많다.

따라서 심성질, 영양질, 근골질의 구분은 어디까지나 기본적인 체형분류라고 생각해야 된다. 물론 개중에는 세 가지 중 어느 한 가지 타입을 그대로 닮는 사람도 있다. 그럼 이 기본적인 체형을 가진 사람의 성격이나 운명은 어떻게 정해져 있을까? 아무래도 그것을 알아야만 혼합체형의 사람을 판단할 수 있을 것이다.

명석한 두뇌의 심성질

가냘픈 체형, 처진 어깨

심성질의 사람은 머리 부위가 전신에 비해 약간 큰 편이다. 신체는 가늘고 얼핏 보기에 가냘픈 인상으로 운동을 해도 근육이 잘 발달되지 않으며 먹어도 살이 찌지 않는다. 어깨는 처진 편이며 남성이라도 여성 같은 느낌을 준다. 얼굴은 역삼각형이거나 계란을 거꾸로 세워 놓은 것 같은 형이며, 이마가 넓고 턱이 가늘고 뾰족한 얼굴이다. 수염이 짙지 않은 사람이 많다. 첫 인상은 온순하고 약간 쓸쓸한 느낌이다. 육체노동에는 적합지 않으며 또한 육체노동을 경멸한다.

고독을 즐기는 성격

심성질의 사람은 그렇게 사교적인 타입은 아니다.

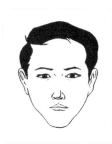

심성질의 사람:
머리가 좋고 청결한
것을 좋아한다.

혼자 독서하거나 자신이 하고 싶은 일에 열중하는 것을 즐기는 성격이다. 대체로 정직하며 일을 정확히 처리한다. 주변을 항상 청결히 하는 것을 좋아한다. 그 때문에 마음속으로는 단정하지 못한 사람을 싫어한다.

한편 사물을 통찰하는 능력이 뛰어나기 때문에 일에 착수도 하기 전에 무의미함을 느껴 실행력이 떨어지는 면도 있다. 일을 모두 자신의 두뇌로만 처리하려는 타입이다. 또 남에 대해서는 재빠른 인물 평가를 하거나 결점을 발견하지만 반대로 남이 자신에 대해 악평하면 상심하기 쉽다. 대체로 판단력과 비판력이 날카로우며 연구 등에 전념하는 것을 좋아하는 타입이다.

두뇌 노동이 천직

심성질의 사람은 세일즈에는 적합하지 않다. 사무직이 좋으며 특히 기획 · 입안 · 조정 등의 직업에 적합하다. 다만 밖을 돌아다니면서 조정하는 일은 체력이 따라 주지 못하기 때문에 감당해 내지 못한다. 역시 자료실 같은 곳에 들어앉아서 서류상의 조정을 하는 편이 적합하다. 또 상대방과 교섭할 때는 억지나 뱃심으로 밀어붙이는 것이 아니라 이치를 따져서 진행하는 타입이다.

머리가 좋고 끈덕진 이런 타입의 사람 중에는 젊어

서 두각을 나타내는 사람이 많다. 사람 위에 서더라도 인품이나 포용력에 의한 것이 아니라 명석한 두뇌로 존경을 받으며 리더로 추대될 경우가 허다하다.

이런 타입의 사람은 관공서에 근무하거나 대기업의 비즈니스맨·학자·연구자 등 그다지 영업과 관계가 없는 입장에서 자신의 과제에 전념할 수 있는 직업이 좋다. 위치에 따라서 유능함을 발휘할 수 있다. 그 밖에는 예술적인 분야나 공예 방면의 직업이 적당하다.

노이로제 체질

심성질의 사람은 체질이 그렇게 튼튼하지는 못하다. 위장병이나 불면증, 게다가 신경질 때문에 노이로제에 걸리기 쉽다. 마음이 조급해지기 쉬운 타입이기도 하다. 호흡기 계통의 병에 주의할 필요가 있다.

만년이 불우하다

심성질의 사람 중에는 그 두뇌가 명석하기 때문에 젊어서 출세하는 사람이 나타난다. 관공서, 기업, 단체 등에서 출세하자면 앞에서 설명한 성격상의 단점을 보완하도록 노력해야 한다. 대체로 젊어서는 좋지만 40대 이후는 별로 좋지 못하고 얼굴의 형이 나타내듯 '점점 쇠퇴'하는 운명으로 된다.

젊어서 관료가 되고 정계에 들어가서도 두각을 나타내어 '차기의 새로운 지도자'로 주목되었다가도 햇수를 거듭함에 따라 빛을 잃게 되는 사람이 있다. 이런 사람은 체력이 따르지 않는데다 재능은 넘치지만 덕이 부족하기 때문에 사람이 붙지 않는 것이다. 이런 타입의 사람이 지닌 결점이다.

이런 타입의 사람은 40대나 늦어도 50세까지는 확고한 지위나 재산을 이루어 놓을 필요가 있다. '대기만성'과는 정반대의 운명으로 알면 된다.

처세에 능한 영양질

모두가 둥글둥글한 체형

영양질의 사람은 전신에 살이 붙고 뚱뚱하다. 심성질과는 정반대의 체격이다. 어깨나 가슴보다도 몸통 둘레 쪽이 더 살집이 좋다. 단단한 느낌이 아니라 둥글둥글하다. 머리칼은 부드럽다. 이런 타입의 사람은 많이 먹지 않아도 살이 찌는 경향이 있다. 얼굴의 형은 물론 눈이나 턱도 둥글둥글한 사람이 많고, 소탈하고 따뜻하며 쾌활한 인상을 준다.

반면 이야기가 애매하고 줄거리가 일관되지 않는 느낌을 주는 면도 있다.

"싫다"는 말을 못하는 호인

고독을 참지 못하고 언제나 남과 사이좋게 지내기

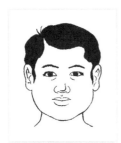

영양질의 사람:
낙천적이고 향락적인
것을 좋아한다.

때문에 교제가 넓고 명랑한 성격이다. 그러나 약간 경솔한 데도 있다. 형식이나 관습에 구애받는 편이 아니기 때문에 행동이나 판단은 실리적이고 실질적이다.

남을 동정하고 협동심이 몸에 배어 있으며, 남과의 트러블을 가급적 피하려 하기 때문에 적이 많지 않다. 그런 반면 남을 의심하지 않고 보증을 서 주거나 남에게서 무슨 부탁을 받으면 "싫다."는 말을 하지 못하고 받아들여 큰 손해를 입는 경우가 있다.

사물에 열중하기 쉽고 냉정해지기 쉬운 타입이다. 어제 한 말과 오늘 하는 말이 달라져 있거나, 매일같이 기분이 달라지기도 한다. 본인은 나름대로의 이유를 생각하고 이치에 맞추려고 하지만 곧 들통이 나고 만다. 그래도 남들은 미워할 수 없는 호인이라고 생각한다.

사물을 지레 짐작하거나 제멋대로 판단하는 경향이 있기는 하지만 포용력이 뛰어나기 때문에 우수한 사람의 보좌를 받는다면 대성할 소질은 충분히 있다.

사람을 상대하는 직업이 적합하다

영양질 타입의 사람은 세일즈나 접객업이 적격이다. 단순한 사무에는 싫증을 내는 경향이 있다. 차분히 사전에 조사하고 기획, 입안하는 것보다는 순간적으로 떠오른 발상을 구체화하는 방면에 뛰어날 때가 많다.

사람 접촉이 원만하기 때문에 교섭하는 일에 두각을
나타낸다. 그러나 정에 약하기 때문에 거절하지 못하
고 불리한 계약을 맺어 버리는 경우도 있다. 또한 상
대방을 의심하지 않는 성격 때문에 거래선이 도산할
때까지 까맣게 모르고 지내는 실수를 범할 수도 있다.

남을 보살펴 주기를 잘 하기 때문에 큰 그릇으로 평
가되거나 성공하는 사람이 나오지만 그 성공은 좋은
참모를 두고 있느냐 없느냐에 달려 있다. 정치가나 상
사원(商社員)으로 일하거나 세일즈, 마케팅, 매스컴 등
의 직업이 적합하지만 너무 형식적인 딱딱한 근무는
적합하지 않다.

이런 타입의 사람을 부하로 두었을 경우는 어느 정
도의 자유를 허용해야만 실력을 십분 발휘한다. 너무
지나치게 통제하면 의욕을 상실하며, 방임하면 큰 실
수를 저지를 수도 있다. 그러나 잘만 지도하면 유능한
부하가 된다.

스태미나가 지속되지 않는 체질

영양질의 사람은 향락을 좋아하기 때문에 폭음과
폭식에 주의할 필요가 있다. 대체로 소화기 계통은 튼
튼하지만 혈관이나 심장의 병을 조심해야 한다. 일시
적으로는 큰 힘을 내지만 스태미나가 쉽게 소진되는
체질이라고 할 수 있다.

싹싹하기 때문에 싫어하는 사람이 없고 성실하게 노력하면 서서히 출세할 수 있는 타입이다. 천성적으로 남을 잘 보살펴 주고 동정심이 많기 때문에 자신도 모르는 사이 사회생활에서 신용을 쌓게 되고 뜻하지 않은 장소, 사람으로부터 도움을 받는 경우가 있다. 중년과 만년이 좋은데 조심해야 할 것은 정에 빠져서 공사의 분간도 없이 근무처에 폐를 끼치거나 남녀 관계로 트러블을 야기하는 일이다. 그와 같은 일로 일생을 그르칠 가능성이 높다.

또 싫증을 내기 쉬운 성격 때문에 직업을 자주 바꾸는 탓으로 성공하지 못한 채 인생을 마치는 경우가 종종 있다. 혹은 무슨 일이든지 잘 해내어 잠정적인 안정을 얻기 쉽기 때문에 작은 성공에 만족하고 그 이상의 노력을 게을리 하여 대성하지 못하고 끝내 버리는 경우도 있다.

이런 타입의 사람이 '집념'을 가지면 반드시 대성하지만 집념을 불태울 만한 끈기가 없다는 것이 문제다. 그 점을 깊이 자각하고 끈기를 키워야 한다. 큰 목표를 세운 뒤 집념을 가지고 맞붙으면 대성할 수 있는 타입의 사람이다.

터프한 행동파인 근골질

보기에도 우람한 역삼각형의 육체

근골질의 사람은 전체적으로 떡 벌어진 체격이다. 어깨 너비가 넓고 몸통이 가늘며 역삼각형의 근사한 체형을 하고 있으며, 가슴은 두껍다. 좀 과장되기는 하지만 어느 정도 보디빌딩으로 단련한 육체를 상상하면 된다. 근육은 잘 발달해서 억세며 탄력이 좋다. 이런 타입의 사람은 단련하면 단련할수록 근육이 발달하는 법이다. 얼굴은 사각형에 가깝고 살은 많이 붙어 있지 않다. 그러나 심성질의 얼굴과는 전혀 느낌이 다른, 이른바 '턱뼈가 나온 얼굴'이다. 코는 높고 눈, 코가 다 크다. 수염은 짙고 머리카락도 부드럽지 않다.

경쟁심이 강하다

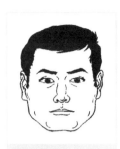

근골질의 사람:
근육이 발달해 있고
힘이 넘친다.

근골질의 사람은 주위의 의견 같은 것에는 아랑곳하지 않고 자신이 믿는 바를 거침없이 실행한다. 투쟁심이나 경쟁심이 강하고 항상 남보다 한 걸음 앞서려는 정신을 가진 사람이다. 자존심도 세고 자신보다 뛰어난 사람을 보면 멸시당한 느낌이 된다. 스포츠와 무도를 즐기며 남성다운 성격을 갖고 있다.

한 가지 목표가 설정되면 강렬한 집착을 품고 맞붙어 성취하는 사람이다. 그런 만큼 목적을 위해서는 수단을 가리지 않는 면이 있으며, 때로는 모험적인 책략을 쓰기도 한다. 사업이 도중에 어려움에 처해도 단념하거나 계획을 변경하지 않고 계속하며, 뻔히 손해 볼 것을 알면서도 체면상 강행하는 경향이 있다. 따라서 사업이 순조로우면 무방하지만 한번 그르치면 철저하게 실패할 때까지 계속하게 된다.

이런 타입의 사람은 장점이 곧 단점이 되는 성격을 지니고 있다. 남의 말을 받아들이지 않고 자기주장이 앞서기 때문에 교제에 능하지 못하다. 남에게 위압감을 주기 쉽고 친구나 친지의 덕이 없다. 그러나 협동심을 기르기만 한다면 뛰어난 리더가 될 수 있다. 혼자 힘으로 크게 성공하는 사람도 이런 타입에 많다.

상하관계가 엄격한 직장이 적합하다
근골질의 사람은 군인, 경찰관, 소방관, 교도관, 경

비원, 무술인, 스포츠맨, 체육교사 등에 적합하다. 비
즈니스맨으로서도 책임감이 강하며 유능하다. 다만 남
과 협조하는 것이 서툴며 상사의 말에도 반발하는 면
이 있으니 이런 타입의 사람을 부하로 두었을 때는 명
령적인 말보다는 의논하는 투로 말하면 기꺼이 협력
한다.

　이런 타입의 사람은 좀처럼 뇌물 같은 것은 받지 않
으나 그런 만큼 융통성이 없다고 보아도 무방하다. 관
공서의 관리가 될 경우는 '성가신 사람'이라는 평을
듣고 동료나 상사에게 기피 당하기 쉽다. 독재형으로
독단적이지만 때때로 그 결단력에 의해 일을 성공적
으로 이끌 경우도 있다.

　또 이런 타입의 사람은 상하 관계가 분명한 직업이
적합하다. 군대와 같은 명령과 복종의 관계가 절대적
인 조직 속에 있으면 도리어 명령 받는 것에 저항감을
품지 않게 된다. 봉급의 많고 적음을 크게 문제 삼지
않고 업무 달성을 위해 전심으로 일하는 타입이기도
한데, 기업체나 단체에서 중견을 이루는 경우가 많다.

삽으로 막을 병을 가래로 막는다

　근골질의 사람은 본디 딱딱한 몸을 운동으로 푸는
경향이 있어 관절을 상하게 하는 경우가 많다. 체력은
대체로 튼튼하지만 한번 열중해서 일을 하면 다른 모

든 것을 잊어버리는 성격이기 때문에 작은 병으로 끝날 것을 큰 병이 되게 한다.

만년의 생활은 안정되지만 고독하다

근골질의 사람은 의지와 체력이 강하고 노력하는 것을 당연하다고 생각하기 때문에 20대부터 시작해서 50대 중반까지 사회적으로 충분히 활약하고 어느 정도의 지위나 재산을 이루는 경우가 많다. 다만 체력이 있는 동안은 사람도 따르지만 만년은 별로 좋지 않으며, 인생의 고독을 맛보게 된다. 퇴직하면 과거의 부하는 한 사람도 찾지 않을 것 같은 외로움을 느낀다.

주위에 원만한 인간관계를 남기지 못한 채 힘으로만 남을 리드해 오던 것이 만년이 되어 역효과를 가져오게 된다. 관청이나 기업에 있을 때는 나는 새로 떨어뜨릴 것 같은 기세의 수완가도 정년과 동시에 사회로부터 배척을 받아 갑자기 늙어 버리는 경우가 많다. 다시 취직을 한다고 해도 그곳에서는 신참이면서도 과거의 영광만을 되뇌기 때문에 배척을 당하는 사람도 이런 타입에 많다. 만년에 닥칠 일을 생각하여 젊어서 주위의 사람들을 돌보고 키워 주는 덕을 일찍부터 쌓지 않으면 안 된다. 능력이 없다고 따돌리고 부하나 동료를 경멸해서는 안 된다. 사람에게는 누구나 나름대로의 장점이 있는 법이다. 특히 이런 타입의 사람은 남의 장점을 발견하는 데 힘써서 대인관계를 잘 유지할 필요가 있다. 그만한 도량을 가진 사람이면 만년의 고독은 없게 된다.

이상이 심성질, 영양질, 근골질의 세 가지 기본 체형의 특징이다. 이 세 가지 체형에 대해서 잘 알고 있는 것만으로도 인간을 어느 정도 판단할 수 있을 것이다. 그러나 사람의 체형은 이 세 가지 타입이 혼합해 있는 경우가 훨씬 많다는 것도 동시에 알아 두어야 한다.

「신상전편(神相全編)」은 중국 송나라 시대의 인상학 대가 진희이(陳希夷)가 저술한 것이다. 이 책에서 분류하고 있는 인간의 14가지 상은 사람이 지닌 모든 기본상을 나타내고 있다고 해도 과언이 아니다. 잘 연구하여 사람 보는 눈을 기르는 데에 참고하기 바란다.

위상(威相)

위상

위상은 임금이나 재상에게서 볼 수 있는 상으로서 보기에도 위엄을 갖춘 당당한 풍모를 나타내고 있다. 눈썹, 눈, 코 등이 무게 있어 보이고 위엄은 있되 사납지 않고 인(仁), 위(威)를 겸해 갖춘 얼굴 생김새를 말한다. 웃으면 3세의 어린아이도 따르고 화를 내면 10만 대군조차 떠는 그런 사람이다.

후상(厚相)

후상의 얼굴은 유연한 느낌이 전체에 떠돌고 있으며 포용력이 거대함을 나타내고 있다. 눈썹 모양이 위상의 것과 전혀 다르다는 것에 주목해주기 바란다. 귀가 크고 뺨이 풍부하다. 이마의 상태가 관 때문에 분명하지는 않지만 아마도 넓고 풍부할 것으로 본다. 이런 상을 한 사람이 재상이 된다면 무력으로 대중을 억압하는 식의 정치를 펴는 일은 없다. 법률도 그다지 엄하게 하지 않으며 도덕을 바탕으로 한 정치를 할 것이다.

후상

청상(清相)

청상이란 맑고 기품이 있는 심성을 나타내는, 이른바 인격이 고상한 사람의 상을 말한다. 얼굴에 사심이 없고 사물을 바르게 직시하려는 마음가짐이 엿보인다. 위상의 얼굴과 얼마간 닮았지만 눈썹 모양에 분명한 차이가 있으며, 전체적으로 위상의 얼굴보다는 훨씬 부드럽다. 위상의 재상이 무력에 의해 나라를 다스린다면 이런 상의 재상은 문치주의(文治主義), 즉 '법'을 정하고 '법'에 따라 백성을 공정히 다스리는 것에 힘쓸 것이다. 이상주의자 또는 휴머니스트의 상이라고 할 수 있다.

청상

고상(孤相)

고상(孤相)

고상의 그림은 고독한 인생을 보내는 상을 나타내고 있다. 대머리는 머리 꼭대기까지 벗겨지고 수염은 자라도 깎지 않고 내버려 두어 듬성듬성 자랐으며 실로 '지저분한'느낌을 준다. 이마의 짧은 주름살도 더더욱 고독한 느낌을 더하며 과연 불운한 사람답게 미간을 찌푸리고 있다. 좋은 상의 그림에 비하면 표정은 어둡고 귀의 생김새도 좋지 않다. 고독하게 되었기 때문에 이와 같은 상이 되었다기보다는 이런 상 때문에 고독하게 되었다고 생각할 만하다. 편벽하고 비굴한 성격 탓에 고독하게 된 사람이다.

박상(薄相)

박상

박상은 인덕도 행운도 희박한 사람의 상이다. 재능은 있어도 인덕이 따르지 않기 때문에 인망(人望)을 얻지 못한 채 일을 마치는 사람의 상이라고 할 수 있다. 재능이 있는 만큼 하급관리나 학자 같은 것으로 어느 정도의 지위를 얻기는 해도 크게 되지는 못한다. 관청의 허인가(許認可) 담당계원 등에 흔히 이런 상의 사람이 있으며, 여러 가지로 번거로운 말을 하거나 존대한 태도를 취하기도 한다. 만약에 남편이나 아내에게 이와 같은 상의 사람이 있다면 그 가정은 어둡고 좋은 일이 없을 것이다. 전형적인 '울상'이다.

고상(古相)

고상의 사람은 매우 보수적인 성격으로 '낡은 것은 모두 좋고, 새로운 것은 모두 나쁘다.'는 신념의 소유자이다. 사람은 나쁘지 않으며 재능도 있지만 완고하고 사치에 어두운 사람으로 어떻게 할 바가 없다. 옛적에 자식의 연애결혼을 인정하지 않아 끝내 발광하게 하거나 자살하게 한 부모가 있었는데, 그런 사람들은 대개 이런 상의 사람이 많았다. 가정에서 독재적으로 행동하는 타입이다. 짱구머리로 광대뼈가 튀어 나오고 코가 찌그러진 얼굴 생김새는 보기에도 완고한 상이다. 무슨 일이 생겨도 꼼짝도 않을 표정을 느끼게 한다.

고상(古相)

악상(惡相)

악인의 상이라고는 해도 14상의 악상은 현대적인 그런 악상은 아니다. 현대의 악인은 보다 더 선인다운 풍모를 하고 있으며 지적이기도 하다. 그림의 악상은 삼국지나 무사들의 이야기에 등장하는 그런 악인의 상이다. 생각이 단순하고 걸핏하면 폭력부터 휘두르는 산적 같은 사람의 상이다. 검은 눈동자가 작고 위쪽으로 치우쳤으며 좌우와 아래쪽에 흰자위가 많은 삼백안(三白眼)이며 광대뼈가 높다. 하찮은 일에 반항심을 내세우고 악의 길에 들어선, 성질이 고약한 사람의 표

악상

정이 그림에 나타나 있다. 인품도 천하고 지성을 갖추
지 못한 상이다. 악은 악이라도 세상에 이름을 떠들썩
하게 할 대악인이 아니라 오히려 미련한 사람의 상이
라고 할 수 있다.

속상(俗相)

속상

하루를 노동하여 저녁에 일당을 받으면 대폿집에 들
러 한 잔 술을 들고 큰 소리로 자기 자랑을 늘어놓거나
사소한 일에 눈초리를 곤두세우고 남을 헐뜯는 것으로
만족하는 사람의 상이다. 재물도 모이지 않고 좋은 운
도 없지만 열심히 일하면 그럭저럭 생활은 할 수 있다.
여윈 볼이며 튀어나온 턱, 이마에 새겨진 가로세로의
주름살 등은 남의 위에 한 번도 서보지 못한 채 밑바닥
인생으로 끝날 운명을 나타내고 있다. 눈에 슬픔이 깃
든 것이 인생의 밑바닥 생활을 나타내고 있다.

부상(富相)

부상은 천성적으로 부귀한 상이며 또한 본인에게 덕
이 있음도 나타내고 있다. 마음먹고 하는 일마다 모두
성공한다는 상이다. 얼굴은 '웃는 상'(제2장 참조)을 하고
있으며 볼이 풍부하고 턱도 느슨하고 넓은 훌륭한 풍
모이다. 이런 상은 중도에서 입신출세하는 사람이 아

니라 태어나면서부터 성공을 약속받은 운을 타고났다. 눈썹과 눈썹 사이, 눈과 눈썹 사이가 각각 넓은 것도 좋은 상의 조건을 충족시키고 있다. 고금의 대부호들 중에서 이와 같은 상의 사람을 많이 볼 수 있다.

부상

귀상(貴相)

귀상은 고귀한 가문에 태어났음을 나타내는 상이다. 때로는 드물게 속인의 집안에 태어나면서도 천성의 귀상을 나타내는 사람도 있다. 그와 같은 사람은 조상에 귀인이 있고 그 혈통을 이어받은 것으로 해석된다. 얼굴 모양은 얼마간 길쭉하고, 눈썹이며 눈·입술에 귀품이 떠돌며, 가운데가 높은 얼굴 모습을 느끼게 한다. 중국의 황제에게 있었던 상이며 황족이나 귀족에게서 이와 같은 고귀한 얼굴 모습을 볼 수 있다. '가문보다 환경'이라고는 하지만 기품만은 가문의 전통을 이어받는다고 할 수 있다.

귀상

빈천상(貧賤相)

빈천상의 사람은 인품이 나쁜 것도 아닌데 어쩐 일인지 일생을 가난에 쪼들려서 지내는 운을 지닌 사람이다. 가령 1천만 원의 복권에 당첨되어도 즉시 누구에게 도둑맞거나 사기를 당하거나 해서 잃게 된다. 좋

빈천상

은 직장에 취직되어 근무한다고 해도 오래 가지 않거나 회사가 파산해서 이내 실직하게 된다. 여윈 볼, 튀어나온 턱, 어지럽게 털이 난 이마 언저리, 작은 귀, 자라도 내버려 두고 깎지 않은 수염, 매우 약하게 보이는 눈썹, 어느 것 하나 좋은 곳이 없다. 이런 상을 가지고는 무엇을 해도 성공하지 못하며, 주변 사람들의 운까지도 나쁘게 한다.

고고상(孤苦相)

고고상

고고상은 남을 믿지 않고 스스로를 고독한 경우로 몰아넣는 사람의 상이다. 머리는 나쁘지 않으며 재능도 있으나 시의심이 강한 사람이다. 자기와 친하게 지내려고 하는 사람을 '달콤한 말 뒤에 무슨 흉계를 품고 접근한다'는 식으로 오해하여 친구가 되지 못한다. 남성으로서는 아내를 얻지 못하고 일생을 고독한 가운데 보낸다. 머리가 나쁘지 않은 만큼 만년에 자신의 잘못된 인생을 깨닫고 후회의 괴로움을 맛보기 때문에 더욱 괴롭게 된다. 의심이 많은 눈, 이마의 어지러운 주름살, 역삼각형의 얼굴, 여윈 뺨 등이 고독한 인생을 나타내고 있다.

수상(壽相)

수상의 사람은 장수를 누린다. 기다란 눈썹, 단단한 얼굴 모습은 강건함을 나타내고 건실한 골격도 상상케 한다. 눈에는 힘이 있으며 의지도 강고함을 나타내고 있다. 그림의 얼굴은 절대로 비만형의 얼굴은 아니다. 눈썹과 눈썹 사이가 넓다는 것은 낙천적인 성격을 나타내고 굳게 다문 입술은 호인이 아닌 얼굴을 나타내고 있다. 현실 생활에 마음 편히 지내면서도 중요한 일에는 주의 깊게 처신하고 하늘에서 부여한 장수의 기질을 끝까지 살릴 타입의 사람이다.

수상

요상(夭相)

요상의 사람은 오래 살지 못하는 운을 지니고 있다. 눈썹과 눈썹은 이상하게 접근하고 코 모양은 나쁘며, 입술도 힘없이 약하고 턱은 거의 발달해 있지 않다. 이마는 여성 같은 둥근 이마로 되어 있어 남자답지 않은 성격을 나타내고, 귀 모양에서는 복운과 인연이 없음을 알 수 있다. 절대로 머리는 나쁘지 않으나 천성적으로 기력과 체력이 빈약하고 섭생도 불충분한데다 밤놀이나 밤새우기를 시정하지 못한 채 요절하는 사람이다. 흉상은 모두 '울상'이다. 요상도 전형적인 '울상'을 짓고 있다.

요상

제2장

얼굴형 · 이마 · 눈썹을 보고

사람을 아는 법

1_웃는 상, 우는 상

2_얼굴형을 보면 상대를 알 수 있다

3_얼굴의 좌우를 보면 상대를 알 수 있다

4_얼굴의 3분법으로 상대를 알 수 있다

5_이마를 보면 상대를 알 수 있다

6_눈썹을 보면 상대를 알 수 있다

웃는 상, 우는 상

1

웃는 상이냐, 우는 상이냐가 얼굴 인상의 기본이다

웃을 때는 웃는 상이 되고 울 때는 우는 상이 된다. 아주 당연한 말이다. 하지만 여기서 말하는 웃는 상과 우는 상이란 그와 같은 경우의 얼굴을 말하는 게 아니다.

평소 아무렇지도 않은 듯한 표정을 짓고 있어도 어딘지 기쁜 것 같고 금세 미소 짓거나 웃음을 터뜨릴 것같이 보이는 얼굴 생김새를 한 사람이 있는 반면에, 언제나 미간이나 이마를 찌푸리고 어딘지 고통을 참고 있는 것같이 보이는 얼굴 생김새를 한 사람이 있다. 사람 보는 법에서는 전자를 '웃는 상', 후자를 '우는 상'이라고 부른다. 인간의 얼굴 생김새를 이 두 가지로 분류하고 관찰하는 것만으로도 기본적인 인상을 알 수 있다.

웃는 얼굴은 자신과 주변에 행운을 가져다준다

은행 창구에는 인상이 좋은 은행원이 앉아 있다. 그들의 얼굴이 여기서 말하는 웃는 상이다. 은행에서는 그들이 입사하면 곧 우는 상이나 무표정의 얼굴 생김새를 웃는 상으로 바꾸는 훈련을 한다. 가만히 앉아 있어도 상냥한 표정을 잃지 않는 얼굴로 개조하는 셈이다. 아무리 훈련해도 변하지 않는 직원은 서무나 회계 등의 부서로 배속하고 창구에는 앉히지 않는다. 백화점의 점원일 경우도 마찬가지다. "웃으면 복이 온다."라는 옛말이 있듯이 웃는 상의 사람은 운이 좋다. 은행의 창구에 웃는 상의 직원을 앉히고 있는 이유 중의 하나도 웃는 얼굴에 따르는 행운에 편승하려고 하는 사람들이 많기 때문이다.

울상을 웃는 상으로 바꾸려면 거울을 사용하라

웃는 상의 사람은 많은 사람을 주위에 끌어들이고 인생을 즐기면서 남의 도움을 받아 발전하지만 우는 상의 사람은 대체로 고독하고 역경에 서기 쉽다. 우는 상의 사람이 성공하는 것은 보통 이상의 높은 지성이나 재능에 의한 것일 경우가 많다.

그러나 우는 상으로 태어났다고 해서 비관할 필요는 없다. 앞에서 말한 바와 같이 은행에 근무하는 직원들의 웃는 상은 훈련에 의해 만들어진 것이다. 우는 상을 웃는 상으로 바꾸는 것이 절대로 불가능한 것은 아니다. 거울 앞에서 잔뜩 찌푸린 얼굴을 펴고 근육을 움직이는 연습을 계속하면 며칠 안 가서 웃는 상이 된다. 그리고 운도 동시에 좋은 쪽으로 움직이기 시작한다. 실행에 옮겨 보면 깜짝 놀랄 것이다.

웃는 상을 하고 있었던 사람이 수년 만에 만났을 때는 우는 상으로 일변해 있으며, 이윽고 비운의 막다른 길에 몰렸다는 예를 필자는 경험하고 있다.

웃는 상과 우는 상, 이것은 단순한 분류이기는 하지만 여기에 담겨져 있는 운명의 의미가 매우 깊음을 잊어서는 안 된다.

얼굴이 넓은 사람은 대담하고 행동적이다

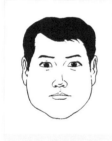

폭이 넓은 얼굴:
대담하지만 독재적
이다.

넓은 얼굴의 사람은 좁은 얼굴의 사람에 비하여 대담하고 적극적인 성격을 지니고 있다. 리더십이 뛰어난 타입으로, 정치가나 실업가에게서 흔히 볼 수 있는 얼굴이다. 옛날로 말하자면 고관 중에는 이와 같은 얼굴을 한 사람이 많지 않았으며 얼굴이 긴 사람이 많았다. 그런데 고관의 세력을 능가한 무사나 상인의 얼굴은 대개가 이런 형이었다. 행동적인 형이다. 영화나 텔레비전에 나오는 악역을 보면 지성적인 악역의 얼굴은 갸름하지만 깡패 두목이나 악덕상인의 역은 얼굴이 넓은 배우가 맡고 있다.

얼굴이 넓은 사람은 체격이 뛰어나고 튼튼하기 때문에 매우 활동적이다. 그와 동시에 남도 다 자기와 똑같이 활동할 수 있는 것으로 생각하기 때문에 부하에게도 무리한 요구를 하는 경우가 많은데, 그것은 무자비해서 그런 것이 아니라 자신의 능력을 기준으로 생각하고 있기 때문이다.

얼굴이 좁은 사람은 세심하고 견실하다

얼굴이 좁은 사람은 대체로 소심하거나 세심하다. 얼굴이 넓은 사람에 비하면 훨씬 섬세한 성격을 지니고 있으며 지성적이다. 이런 타입의 사람은 어떤 큰 목표를 세우면 좋다. 그 목표를 향해서 전력을 다할 때는 충분히 강해진다. 그러나 스스로 생각해낸 아이디어를 혼자서만 믿고 추진하는 타입은 아니다. 누군가 조언해 주는 사람을 필요로 하며 그 사람의 받침에 의해 자신감을 더하는 경우가 많다.

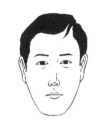

폭이 좁은 얼굴:
섬세하고 견실한 편이다.

남을 위한 동정심이 있으며, 자부심이 높고 괴로워도 우는 소리를 하지 않는다. 책략을 꾀하는 일도 얼굴이 넓은 사람보다 능숙하다. 얼굴이 넓은 사람은 상대방의 마음을 알아차려도 모르는 척하고 강제적인 태도로 나오기도 하지만 얼굴이 좁은 사람은 상대방의 기분이나 감정을 무시하지 않는다. 사려 깊고 견실하게 살아가기 때문에 실패가 적은 인생을 보내는 타입이다.

사각형 얼굴인 사람은 독재적이고 투쟁적이다

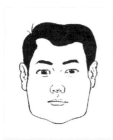

각진 얼굴:
강인한 리더형

사각형 얼굴이란 턱뼈가 나오고 보기에 사나우며 단단한 느낌을 주는 얼굴이다. 둥글지 않다는 점에서 넓은 얼굴과 구별된다. 이런 타입의 사람은 대체로 독재적으로 기업이나 가정에서 독재적으로 행동할 때가 많다. 얼굴이 넓은 사람의 성격보다 더욱 강인하게 발전한 성격으로 생각하면 된다. 무서우면서도 믿음직스럽게 느껴지는 타입이다.

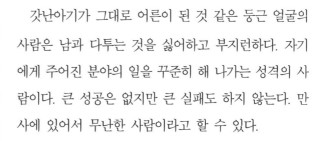

얼굴이 둥근 사람은 원만하고 소시민적이다

갓난아기가 그대로 어른이 된 것 같은 둥근 얼굴의 사람은 남과 다투는 것을 싫어하고 부지런하다. 자기에게 주어진 분야의 일을 꾸준히 해 나가는 성격의 사람이다. 큰 성공은 없지만 큰 실패도 하지 않는다. 만사에 있어서 무난한 사람이라고 할 수 있다.

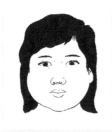

둥근 얼굴:
원만한 평화주의자

얼굴의 좌우를 보면 상대를 알 수 있다 3

얼굴의 좌우는 선천운과 후천운을 나타낸다

남성의 얼굴에서는 좌측 반면에 선천운(타고난 운과 아버지 조상의 유전)이 나타나고, 우측 반면에 후천운(손수 개척하는 운과 어머니 조상의 유전)이 나타난다. 이는 남성의 경우에 해당하며, 여성의 경우는 남성과 반대이다. 다시 말해 좌측에 후천운, 우측에 선천운이 타나난다.

남성의 좌측 반면에 특별히 금전운이 보이면 "선천운이니 아버지 조상의 유산을 받을 사람이구나." 하고 판단하면 되고, 우측 반면에 나와 있었으면 "스스로 노력해서 재산을 얻을 사람이다" 하고 판단하면 된다. 그리고 여성의 경우는 이와 반대이다.

선천적인 운:
남성은 좌측 반면,
여성은 우측 반면을
본다.

후천적인 운:
남성은 우측 반면,
여성은 좌측 반면을
본다.

좌우 얼굴이 극단으로 다른 사람은 이중인격이다

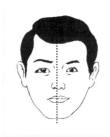

좌우가 극단적
으로 다른 얼굴:
두 가지 성격을 가지
고 있거나 알 수 없
는 성격이다.

사람의 얼굴은 좌우 대칭으로 되어 있는 것처럼 보이지만 실제로는 얼마간 불균형인 것이 보통이다. 그러나 극단으로 좌우가 다른 얼굴은 나쁜 상이다. 왼쪽의 얼굴이 그 일례인데, 좌우의 눈썹과 눈의 크기가 현저히 다르다. 얼굴의 좌우가 극단으로 다른 것은 부모의 성격이나 체질이 잘 융합되지 않았기 때문이라고 생각된다. 이와 같은 사람은 이중인격자이거나 제3자에게는 이해되지 않는 인물이기도 하다. 어떻든 바람직한 상이라고는 할 수 없다.

안면신경마비에 걸렸을 때 치료를 불완전하게 해놓으면 눈이나 코가 한쪽으로 굽은 채 좌우가 불균형한 얼굴이 되고 만다. 이럴 경우의 불균형은 후천적인 것이지만 이것 역시 그 후의 운명에 영향을 주게 된다. 부당한 논리가 아니냐고 생각하는 사람이 있을지도 모르지만 운명은 그와 같이 작용한다.

얼굴의 3분법으로 상대를 알 수 있다

여기서의 판단법은 얼굴을 아래의 그림처럼 상·중·하의 '삼정(三停)'으로 분할하고, 그 중 상정(上停)만은 다시 상·중·하의 세 부분으로 나누어서 각 부분으로 보는 것이다.

상정은 타고난 숙명을 나타낸다

상정은 이마를 말한다. 상정이 시원스럽고 혈색이 좋으며, 울퉁불퉁하지 않고 상처와 얼룩 같은 것이 없는 것은 좋은 상이다. 이마의 주름살도 곱게 새겨져 있으면 더욱 좋은데 유년기와 소년기가 행복했음을 나타낸다. 부모의 은혜를 충분히 받고 태평하게 성장한 사람이다. 또 상정이 고운 사람은 두뇌도 좋다. 상정에 얼룩이나 상처가 있고 울퉁불퉁한 사람은 유년

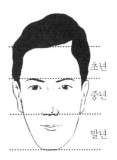

얼굴의 상하3분법:
초년, 중년, 말년을
본다.

상정의 3분법:
상-선악의 판단력
중-지식, 기억력
하-직감력, 실행력

기와 소년기에 부모 사이가 나빴거나 가난 때문에 부모가 일하는 데만 힘쓴 나머지 많은 보살핌을 받지 못했음을 나타낸다.

상정에 대해서는 왼쪽 그림처럼 다시 셋으로 분할해서 보기로 한다.

상정의 상부(上部)가 고운 사람은 선악을 민감하게 판단하고 반성심이 강하며 추리능력이나 창조능력이 풍부한 사람이다. 한편 여기에 상처 같은 것이 있는 사람은 위에서 설명한 능력이 모자라거나 반대로 흉상이 되는 경우도 있다.

상정의 중부(中部)가 고운 사람은 지식이나 상식이 풍부하고 기억력·판단력이 뛰어나다. 한편 여기에 상처 같은 것이 있는 사람은 그 반대의 상황을 가리키고 있다.

상정의 하부가 고운 사람은 직감력, 관찰력, 실행력이 풍부하다. 한편 여기에 상처 같은 것이 있는 사람은 이러한 능력을 갖추지 못하고 있다.

중정은 사회적 운을 나타낸다

중정은 눈, 코, 귀를 포함한 부분이다. 여기서는 중년운(中年運)을 본다. 중년운이란 일생의 운을 세 등분한 것 중의 '중(中)' 운으로 사회에 진출해서의 운명을 말한다. 따라서 소위 중년기의 운이라기보다는 사회인으로서의 운이라고 생각해 주기 바란다.

중정이 좋은 사람은 사회인으로서 유능하며 재산도 모으고 이성으로부터 사랑도 받는다. 코의 길이는 얼굴의 3분의 1이 표준이지만 그보다 짧은 사람은 일을 얕고 널리 행하는 경향이 있다. 긴 코의 사람은 반대로 좁고 깊이 일을 벌이는 경향이 있다. 중정이 좋지 않은 사람은 사회에서의 운도 좋지 않다.

하정은 50세 이후의 만년을 나타낸다

하정은 입을 포함한 턱의 부분이다. 여기서는 만년운을 본다. '만년'이라고 하면 70대 이후처럼 생각되지만 인상학에서는 대체로 50세 이후의 기간으로 생각한다. 하정의 상이 좋은 사람은 50대가 되면 사회적으로도 안정된 지위를 유지하고 금전에 제약을 받지 않는 환경 하에 여생을 보낸다.

흉터
여윈 턱

**하정이 나쁜 얼굴:
만년이 좋지 않다.**

한편 하정의 상이 나쁜 사람은 죽거나 가족운이 좋지 않다. 오른쪽 그림은 상정도 중정도 나쁘지 않지만 하정에서는 살집이 좋지 않고 상처 같은 것이 있는 상이다. 이와 같은 사람은 생장(生長)이 좋고 사회에 나가서도 순조로이 발전하지만 50세까지 재산을 축적하고 남을 위하는 일을 게을리 하지 않아야 한다.

상정, 중정, 하정의 삼정은 서로 관련해 있는 법이다. 삼정이 전부가 좋으면 더 말할 나위 없지만 한 곳이라도 좋지 않은 부분이 있는 사람은 일찍부터 장래의 불운에 대비하여 노력할 필요가 있다.

그리고 이밖에 얼굴을 8등분해서 판단하는 방법도 있지만 너무 세밀하게 나누면 도리어 복잡해지므로 이 3분법을 잘 연구하는 것만으로도 충분하다.

이마를 보면 상대를 알 수 있다

이마는 얼굴의 최상부에 있으며 눈에 제일 잘 띄는 부분이다. 인상학적으로는 이마가 그 사람의 초년운을 가리키는 것 외에 그 사람의 두뇌나 정신을 표현하고 있는 곳이다. 이 부분에 상처를 받거나 하면 운명에 차질이 생긴다. 두뇌를 손상한 것이 되기 때문에 당연하다고 말할 수 있다.

이마가 넓은 사람은 머리가 좋은가

"저 사람은 이마가 넓으니 머리가 좋겠군." 하는 소리를 흔히 듣지만 반드시 그렇다고 할 수는 없다. 넓은 이마가 혈색도 좋고 고울 경우이면 맞는 말이지만, 울퉁불퉁하거나 상처가 있거나 얼룩 같은 것으로 더렵혀진 이마의 경우는 뛰어난 두뇌를 가진 사람이라

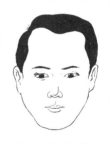

넓은 이마:
머리가 좋다는 평가를 듣기는 하지만……

고 할 수 없다.

이마가 좁은 사람은 지능이 낮은가

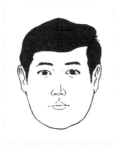

좁은 이마:
지적 능력이 덜어진
다고 할 수 없다.

극단적으로 이마가 좁은 사람 중에 얼마간 지능이
떨어지는 사람도 있지만 이마가 좁다는 것이 꼭 지능
이 낮은 것을 가리키지는 않는다. 어떤 정치가 중에는
좁은 이마를 하고 있지만 정계에서는 1급의 책사(策士)
로서 그 지력(知力)을 높이 평가 받고 있는 사람이 있
다. 이럴 경우도 이마가 고우냐의 여부는 큰 의미가
있는 것이다.

이마가 M자형인 사람은 독창력이 뛰어나다

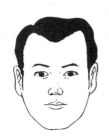

M자형 이마:
연구열이 강하고 창
조력이 풍부하다.

아래의 오른쪽 그림처럼 이마의 양측이 깊이 파져
있어서 M자형으로 되어 있는 사람은 사물에 대한 연
구심이 강하고 창조력이 뛰어나다. 따라서 그 재능을
발휘하면 연구나 예술의 세계에서 성공을 거둘 수 있
다. 학문·미술·음악·문학·공예·디자인·기획·
설계 등이 이런 타입의 사람이 활약할 수 있는 분야이
다. 음악가 슈베르트의 이마는 전형적인 M자형으로
되어 있다.

그러나 M자형의 이마라고 해서 반드시 독창성을
가졌다고는 할 수 없다. 똑같은 M자형이라도 이마가
좁은 사람은 단순한 호인에 지나지 않는다.

각진 이마의 사람은 실무 능력이 뛰어나다

각진 이마란 오른쪽 그림처럼 이마의 털이 난 언저리가 수평으로 되어 있고 전체적으로 네모진 느낌을 주는 남성형의 이마이다. 모서리 진 이마의 사람은 실무가라고 할 수 있다. 견실한 생활을 하는 한편, 화려한 멋이 없는 면이 있다. 그러나 30대 이후에 실력이 인정되고 운이 열리는 사람이다.

각진 이마:
실무능력이 뛰어나다.

3자형 이마의 사람은 온순하고 선량하며 여성적이다

각진 이마와는 대조적인 이마를 여성형의 이마라고 한다. 이런 타입의 사람은 성격이 온화하고 양순하며 남에 대한 동정심도 많다. 여성은 남편을 잘 섬기며 가정적이다. 그러나 남성의 경우는 성격이 여성적이고 의지가 약하며 실행력이 부족하다. 이런 타입으로 이마의 털이 난 언저리가 어지러운 사람은 천성적으로 게으르고 지성이 없다.

여성형 이마:
선량하고 남의 말을
잘 믿는다.

동그란(여성형) 이마의 사람은 재혼의 상이 있다

이마의 털이 난 언저리가 아치형으로 되어 있는 둥근형의 이마는 '여액(女額)'이라고도 하는 여성형의 상이다. 둥근 이마의 사람은 인품이 온화하다. 그러나 여성으로서 둥근 이마의 사람은 남편 운이 없고 결혼해도 남편과 이혼하거나 사별하거나, 남편이 게으름뱅이 거나 해서 생계를 위해 일하게 된다. 재혼, 삼혼을 해도 똑같은 운명을 맞게 된다.

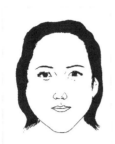

흩어진 이마의 사람은 도덕심이 결여되어 있다

이마의 털이 난 언저리가 어지러운 이마를 흩어진 이마라고 한다. 흩어진 이마의 사람은 도덕심이 없으며, 말을 잘 한다. 그리고 회사 같은 데서는 상사에게 반항하는 경향도 있다. 인생에 파란이 그칠 날이 없는, 많은 고생을 하는 상이다. 여성의 경우는 남편과의 인연이 변화하거나 과부가 되기 쉽다. 그리고 흩어진 이마라도 헤어스타일에 따라서는 구별할 수 없는 경우가 많다.

튀어나온 이마의 사람 중 바보는 없다

튀어나온 이마란 둥글게 툭 튀어나온 이마를 말한다. "튀어나온 이마에 바보 없다."는 말이 있듯이 이런 사람은 사교성이 있고 남과 협조하는 성격을 가지고 있다. 이런 타입의 이마는 여성 사업가에게서 많이 볼 수 있다. 남녀 모두 손님을 접대 하는 영업 같은 것으로 인기를 끌 타입이다. 다만 이마에 상처가 있거나 더럽혀진 것 같은 빛깔을 띠고 있을 경우는 인기도 없

어지게 된다.

발달한 이마와 후퇴한 턱은 지성을 나타낸다

이마가 발달해 있는 것과 동시에 턱이 후퇴한 사람은 두뇌는 뛰어나지만 활동력이 부족한 타입이다. 학자나 예술가 등의 문화인에게 이와 같은 사람이 많다. 또 인종별로 보면 백색 인종에 많이 출현하는 상이다.

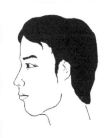

발달한 이마,
후퇴한 턱:
지적이며 문화적이다.

후퇴한 이마와 발달된 턱은 야성을 나타낸다

이마가 후퇴해 있는 것과 동시에 턱이 발달한 사람은 야성적, 행동적이기는 하지만 지성적은 아니다. 그렇다고 해서 지능이나 지식이 부족한 것은 아니다. 단지 거칠고 비천하게 행동하기 때문에 세련되지 못한 인상을 주는 것이다. 이런 타입의 사람은 사업가나 엔지니어, 정치가, 군인 등에 많이 볼 수 있다.

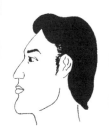

후퇴한 이마,
발달한 턱:
야성적, 정열적이다.

이마에 흉터가 있는 사람은 운이 빗겨 나간다

이마에 흉터가 있는 것은 좋지 않다. 그리고 상처의 위치가 이마 중앙에 가까우면 가까울수록 흉상의 정도는 더욱 높아진다. 더욱이 미간에 있는 상처는 그 사람의 일생을 그르치게 한다. 옛날부터 이마의 상처

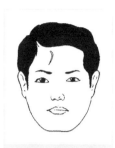

흉터가 있는 이마:
중앙에 있을수록 나쁘다.

를 흉상으로 판정하고 있는 것은 인간의 심리를 통찰하는 것으로, 근거가 없지 않다.

어두운 빛깔의 이마는 조심하라

사람의 이마는 상쾌한 색조를 띠고 있는 것이 좋다. 연기에 그을린 것 같은 더러운 빛깔의 이마는 악상이다. 유쾌한 기분이 되지 못하고 사회적으로도 불우하게 된다. 얼굴빛이 어두울 때는 무엇을 해도 잘 되지 않는다. 서둘지 말고 빛깔이 좋아지기까지 기다리는 편이 현명하다. 별로 운이 열리는 것 같지 않은데도 이마의 빛깔이 좋아지기 시작하면 곧바로 일이 풀리기 시작한다. 운이 좋아졌기 때문에 기분이 일변했고, 그래서 이마의 빛깔이 좋아지는 것이 아니라 운이 열릴 때는 그 전조(前兆)로서 먼저 이마의 빛깔이 좋아지는 것이다. 여기서 말하는 '운이 열린다'는 말은 수입의 증대, 승진, 좋은 인연, 신망을 얻는 것 등등을 가리킨다.

어두운 이마:
악상으로 이런 사람의 달콤한 속삭임을 조심해야 한다.

이마에 그을린 것 같은 빛깔을 띠고 있는 사람으로부터는 그럴 듯한 이야기를 들어도 뿌리쳐라. 그대로 따르면 위험하다. 이마의 빛깔, 광택 등을 매일 아침 거울로 확인하는 습관을 가져도 좋다.

이마의 점은 위치에 따라서는 행운을 부른다

점은 상처와 달리 대개 좋은 상을 가리킬 때가 많
다. 다만 여성으로서 이마의 세로 중앙선상에 점이 있
는 사람은 사회에 나가서 일하고 일가의 가장이 되는
팔자이며, 남편복은 그다지 좋지 않다.

눈썹의 5분법

운: 타고난 운, 감정
명: 수명
복: 금전운
춘: 가족, 친척과의 관계
추: 주거운

아래의 그림처럼 눈썹을 5등분하여 미간 쪽으로부터 차례로 운(運), 명(命), 복(福), 춘(春), 주(住)로서 일생의 운을 보는 방법이다. 눈썹이 시원스러우면서도 고우면 다섯 가지가 모두 좋지만 예를 들어 '명(命)'의 부분에 상처가 있을 때는 그 사람에게 사고나 병 같은 이상이 생기는 것을 가리키고 있다. 다만 눈썹 속의 큰 점은 총명함을 나타낸다. '운 (運)'의 부분에 상처가 있을 때는 남과 협조하지 못하고 반항하거나 다투게 된다. '복(福)'의 부분에 상처가 있으면 경제적으로 불운하다. '춘(春)'의 부분에 상처가 있을 때는 육친의 인연이 희박하고 고

독하게 된다. 그리고 '주(住)'에 상처가 있는 사람은 자
칫하면 주거가 일정하지 않아 일생을 그 일로 고생하
게 된다.

그리고 좌우의 눈썹에는 다음과 같은 의미가 있다.

- **남성**
  좌미(左眉) ― 공사(公事), 남(男), 부(父), 형(兄), 제(弟)
  우미(右眉) ― 사사(公事)), 여(女), 모(母), 자(姉), 매(妹)
- **여성**
  좌미(左眉) ― 사사(私事), 여(女), 모(母), 자(姉), 매(妹)
  우미(右眉) ― 공사(公事), 남(男), 부(父), 형(兄), 제(弟)

눈썹이 긴 사람은 부모복이 좋다

눈썹이 긴 사람은 대체로 부모형제의 은
혜를 받고서 자라는 경우가 많다. 육친의 애
정을 받을 수 있는 사람이다. 그러나 그 때
문에 남을 의지하는 성격이 형성되고 독립
심을 잃게 된다. 여성으로서 눈썹이 긴 사람
은 자칫하면 자기 친정을 내세우거나 남편
의 사회적인 지위를 남에게 자랑하거나 해
서 따돌림을 당할 우려가 있다.

긴 눈썹:
육친의 애정이 풍족하다.

눈썹이 짧은 사람은 부모복이 없다

짧은 눈썹:
육친과의 인연이 부족하다.

눈썹이 짧은 사람은 부모나 형제의 인연이 희박하거나 혹은 가정이 빈한하기 때문에 부모의 은혜를 충분히 받지 못하는 경우가 많다. 따라서 취직이나 결혼 등 인생의 중대사를 모두 자력으로 해결해가지 않으면 안 된다. 그러나 그로 인해 독립심이나 극기심은 크게 양성된다.

짙은 눈썹:
대를 잇는 경우가 많다.

눈썹이 짙은 사람은 후계자가 많다

눈썹이 짙은 사람은 양자이거나 외아들의 입장에서 부모의 시중을 들거나, 사원(寺院)이나 예술 단체의 가통을 잇거나 집안의 대를 잇는 사람에게 많다. 그늘진 데가 없는 성격으로 정정당당하다. 또 정력이 왕성해서 이성과의 사이에 문제를 일으키기 쉽다. 문필(文筆) 방면에 재능이 있는 사람이기도 하다.

옅은 눈썹:
아첨을 잘한다.

눈썹이 옅은 사람은 말재주가 있다

살갗이 들여다보일 정도로 눈썹이 옅은 사람은 말재주가 있으므로 교묘하게 여성을 손에 넣지만 끝내 실패하고 만다. 육친의 인연은 희박한 사람이다. 문필의 재능은 없지만 아첨해서 마음에 들게 하려고 애쓰는 것은 잘한다. 정면으로 싸우지 않고 숨어서 책략을 세우는 사람이 많다.

좌우의 눈썹 높이가 다른 사람은 이기적이다

오른쪽과 왼쪽의 눈썹 높이가 다른 사람은 자기 본위이기 때문에 운이 열리지 않거나 혹은 일찍 부모를 여읜다.

눈썹이 일직선인 사람은 직선적이다

눈썹이 일직선이면 마음도 마찬가지로 주위에 대한 배려가 없다. 따라서 대담한 일을 단행하거나 이성을 대할 때도 자상하지 못하다. 남성은 그래도 무방하지만 여성으로서 이러한 타입의 사람은 여자다운 점이 없다. 이론으로 남편을 꼼짝 못하게 하고 이웃 사람들을 압도하는 경우가 많다. '곧기는 하지만 덕이 부족'한 대표적인 타입이라고 할 수 있다.

초승달 눈썹인 사람은 감성적이다

눈썹이 초승달형의 사람은 섬세하고 정서가 풍부한 성격이지만 남의 말에 빠져서 실패할 때가 많다. 인품

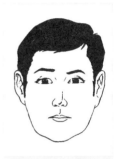

좌우 높이가 다른 눈썹:

이기적이고 일찍 부모를 여읠 가능성이 높다.

은 좋지만 일에 소극적이고 실행력이 없는 사람이다. 감수성이 풍부하므로 예술 방면 같은 데서 성공하는 사람이 나타난다. 남성으로서 초승달 눈썹의 사람은 여성적이며 부모나 아내에게 의존하는 경향이 강하다.

팔자형 눈썹인 사람은 빈틈이 없다

팔자형 눈썹의 사람은 얼핏 보기에 모자라는 것같이 보이지만 본심은 빈틈이 없고 실수가 없는 사람이다. 성격은 명랑하고 유연하며 남과의 교제가 좋고 협조심이 많다. 사업가나 정치가에게 이런 눈썹의 사람이 많으며 나름대로 성공을 거두고 있는 사람이 많다. 약간 낭비성이 있기도 하지만 생활에는 구애를 받지 않는다. 이런 타입의 배우자는 빈틈이 없고 꼼꼼한 사람이 적합하다. 그러나 여성으로서 이런 눈썹의 사람은 초혼에 실패하는 경향이 있다.

팔자형 눈썹:
빈틈이 없고 실수가
없는 편이다.

삼각형 눈썹인 사람은 활동적이다

삼각형 눈썹의 사람은 터프하다. 성격은 남성적이고 의지가 강하며 지칠 줄을 모른다. 남을 의지하지 않고 독립정신이 강해 일과 맞붙는 사람인데 자부심도 강하다. 어려움을 몸으로 부딪쳐서 극복하는 정열이 있으며 인내력도 강하다. 이런 눈썹의 사람은 미술

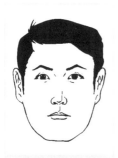

삼각형 눈썹:
활력이 넘친다.

가 중에서 흔히 볼 수 있다. 그리고 삼각형 눈썹 중에서도 특히 '△'형 눈썹은 예술뿐만 아니라 어떤 한 가지 기술에 능한 경향이 있다.

용두호미형(龍頭虎尾型) 눈썹인 사람은 존경 받는다

용과 같은 곡선을 그리면서 튀어 오른 눈썹의 사람은 무장(武將)이나 독재자, 장군 등의 절대적인 권력자에게 어울리는 성격이다. 이런 눈썹의 사람은 존대함을 지니고 있다. 드물게 볼 수 있는 훌륭한 눈썹이지만 남에게 위압적인 인상을 주기 때문에 세일즈맨이나 점원 등 손님을 상대로 하는 직업에는 적합하지 않다고 할 수 있다. 여성으로서 이와 같은 형의 눈썹을 한 사람은 남성보다 상위에 서려고 하며, 그만한 능력을 보여 준다.

용두호미형 눈썹:
위압적인 인상을 준다.

무장형(武將型) 눈썹의 사람은 자기주장만 내세우는 억지파이다

직선적으로 튀어 오른 남성형의 늠름한 눈썹을 가진 사람은 자기가 옳다고 마음먹은 것은 주위에서 반대를 해도 해내는 신념이 있으며, 그런 억지 때문에 남과의 협조가 잘 되지 않는 성격이다. 오히려 남과의

무장형 눈썹:
자기주장만 내세운다.

사이에서 분쟁을 일으키기 쉽다. 감정이 격하게 움직이므로 능력은 있지만 여러 사람들로부터 신망을 얻지 못하는 것이 결점이다. 여성으로서 이와 같은 형의 눈썹을 한 사람은 남편과의 분쟁이 끊이지 않고 여성끼리의 교제에 있어서도 분쟁을 일으키기 쉽다.

웃을 때에 눈썹이 오르는 사람은 마음이 좋다

말을 할 때나 웃을 때에 눈썹이 오르는 사람은 마음이 소탈해서 사심이 없으며 사람들로부터 호감을 가지게 되므로 당연히 운도 좋다. 여성으로서 이런 사람은 부부 사이가 좋고 남편을 출세시키는 아내가 된다.

미간이 넓은 사람은 일찍 성공한다

미간이 넓은 사람:
교제에 능하고 운이
일찍 트인다.

양 눈썹 사이가 손가락 두 개가 들어갈 정도의 넓이거나 그 이상 벌어져 있는 사람은 젊어서 성공한다. 낙천적인 성격으로 남과의 교제에 능숙하고 인기 있는 사람이 많다.

사람은 괴로울 때면 눈썹과 눈썹을 모으지만 기쁘거나 편안하면 '수미(愁眉)를 편다'고 해서 눈썹과 눈썹 사이를 넓게 편다. 따라서 미간이 넓은 사람은 항상

‘수미를 펴고’있는 셈이다. 게다가 미간이 시원하면
말할 나위 없다.

미간이 좁은 사람은 늦게 성공한다

눈썹과 눈썹 사이가 좁은 타입은 눈썹이 빽빽이 나
있는 사람 중에서 흔히 볼 수 있다. 미간이 좁은 사람
은 자주 행운의 기회를 놓치고 40세 이후에 마침내 운
이 돌아온다. 성공이 늦는 상이다.

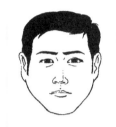

미간이 좁은 사람:
40대에 운이 열린다.

털이 무성하고 헝클어진 눈썹의 사람은 작은 일에 신경을 쓰다 큰일을 놓친다

눈썹이 가지런히 나 있지 않고 일부가 반대 방향으
로 나 있으며, 털이 무성하고 헝클어져 까칠까칠해 보
이는 사람은 그다지 고분고분한 성격은 아니다. 눈앞
의 사소한 일에 구애되고 이내 감정적이 되기 때문에
중요한 기회를 잃거나 일을 망칠 우려가 있다. 자칫하
면 손위의 사람과 대립하고 모처럼의 운을 놓치기 쉬
운 상이다.

웃을 때 우는 눈썹이 되는 사람은 불행하다

웃을 때 우는
눈썹이 되는 사람:
불운을 자초한다.

웃고 있는데도 마치 울고 있는 것 같은 형의 눈썹이 되는 사람은 무슨 일이나 비관적으로 해석한다. 어두운 느낌의 사람이며 과거의 즐거웠던 일은 잊고 좋지 않은 일만을 언제나 기억에 담고 있는 사람이다. 이와 같은 타입의 사람을 '웃는 얼굴의 외로운 사람'이라거나 '웃고 있는지 울고 있는지 모를 얼굴'이라고 해서 흉상으로 친다. 남녀 다같이 이런 상은 하루바삐 정상적인 상으로 바꾸지 않으면 큰 불행을 초래하게 된다.

언제나 눈썹 뿌리를 모으고 있는 사람은 병약하다

언제나 눈썹 뿌리를 모으고 있는 사람은 근시이거나 병약하거나, 혹은 마음에 고뇌를 품고 있는 사람이다. 원인이 그 중의 어느 것이건 이와 같은 상을 하고 있으면 절대로 운이 열리지 않는다. 여성이 이와 같은 상을 하고 있으면 가정은 암담해지고 남편은 출세를 할 수 없다. 또 남성으로서 이와 같은 사람은 가업(家業)의 부진을 초래하며 회사에서는 실패를 거듭하고, 한 가지도 되는 일이 없다. 일찍 원인을 제거하여 좋은 운을 가져오도록 해야 한다.

자연스럽게 눈썹이 흩어지는 것은 흉조이다

손으로 만진 것도 아닌데 눈썹이 흩어지는 것은 사

고나 분쟁, 실패 등의 흉사(凶事)가 멀지 않아 생기는 것을 예고하고 있는 것이다. 마음에 짚이는 일이 있으면 시급히 손을 쓰거나 행동을 삼가고, 재난이 조금이라도 가벼워지도록 마음을 써야 한다. 눈썹은 위험을 사전에 감지하는 안테나 역할을 하게 된다.

눈썹으로 직업의 적성을 알아낸다

직선적이고 굵은 눈썹의 사람은 지도자 타입이다. 성격은 불요불굴(不撓不屈)로 결단력이 뛰어나다. 종교가, 실업가, 경찰관, 군인 등 남성적인 직업이나 사람을 지도하는 직업이 적합하다. 긴 눈썹에 미골(眉骨)이 발달해 있는 사람은 수리(數理)에 밝다. 규율에도 잘 적응하며 시간을 지키는 등의 꼼꼼한 성격과 섬세한 감성을 갖추고 있으므로 세무사나 숫자 관계의 직업(수학자나 수학교사), 엔지니어 등 이과 계통의 직업이 적합하다.

눈썹이 야성적으로 거칠고 굵은 상은 몸이 튼튼하다는 것을 나타낸다. 그 육체와 활력을 자본으로 생산 현장 같은 데서 노력하여 기술을 쌓는 타입이다. 한편 부드럽고 가냘픈 눈썹의 사람은 몸이 약하고 신경도 섬세하므로 사무 계통의 직업이 적합하며 예술 방면에 진출하는 사람도 많다.

제3장

눈·코·귀를 보고 사람을 아는 법

1_눈을 보면 상대를 알 수 있다

2_눈꺼풀을 보면 상대를 알 수 있다

3_귀를 보면 상대를 알 수 있다

4_코를 보면 상대를 알 수 있다

눈을 보면 상대를 알 수 있다

눈은 마음의 창

눈은 그 사람의 심리를 잘 나타내는 기관이다. 우리는 남과 접할 때 종종 상대방 눈빛으로 이야기의 진실성이나 본심을 파악하려고 한다. 입으로 바른 말을 하는 사람이라도 그 눈빛이 사악하면 좀처럼 신용할 마음이 생기지 않는다. 반대로 악명 높은 사람이라도 웃는 눈에 부드러움이 깃드는 것을 보았을 때 우리는 또 다른 진실을 느끼기도 한다. 확실히 "눈은 마음의 창"이다. 인상학의 지식만 있으면 그 '창'을 통해서 상대방의 마음을 읽는 것은 쉬운 일이다.

또 눈은 건강상태를 잘 나타낸다. 수면 부족일 때는 충혈 되고 극도로 피로하면 힘없이 지친 눈빛이 된다. 죽을 때가 되면 눈은 공허하게 흐려지고 얼토당토않은 한 점을 응시하게 된다.

눈에는 정기(精氣)가 있어야 한다. 눈은 싱싱하게 빛나고 있는 상태가 가장 좋다. 흐리멍덩한 눈은 아무리 잘 생겼어도 좋은 상으로 볼 수 없다.

눈의 3대 분류법

체형의 항목에서 인체를 심성질, 영양질, 근골질의 세 가지로 분류했다. 눈에 있어서도 역시 그 삼종의 분류법이 쓰인다. 그러나 동일인이라도 몸매의 기본형과 눈의 기본형이 꼭 일치하는 것은 아니다. 심성질 체형의 사람에게 반드시 심성질의 눈이 갖추어져 있지는 않기 때문이다. 예를 들어, 체형은 근골질인데도 눈은 심성질인 사람이 있다. 이런 사람은 근골질의 성격에 심성질의 성격이 가미된 것으로 판단한다.

기본적인 삼종의 눈에 대한 특징은 다음과 같다.

① 심성질의 눈
가늘고 길며 약간 추켜올려진 눈. 냉정한 느낌을 준다. 미인형의 눈이라고 할 수 있다. 성격은 심성질 체형과 거의 일치한다.

② 영양질의 눈
눈꺼풀이 포동포동 살이 찐 둥글고 큰 눈. 매력적인 눈이다. 심성질의 눈과는 반대의 느낌이라고 생각하면 된다. 성격은 영양질 체형과 일치한다.

③ 근골질의 눈
험상궂으며 의지가 강함을 느끼게 하는 눈. 약간 길쭉한 눈으로

흰자위가 많이 보이는 눈이다. 성격은 근골질 체형과 거의 일치한다.

매섭고 큰 눈의 사람은 지도자형이다

큰 눈에도 두 가지의 타입이 있다. 그 하나는 날카롭게 쏘아보는 위압적인 눈이다. 날카롭게 쏘아보면 노려보는 것 같은 느낌을 받는다. 고금(古今)의 영웅이나 명승(名僧) 등에 이런 타입의 눈을 가진 사람이 많다. 그들은 투지에 넘치고 어떠한 어려움에도 맞설 기력이 있는 사람들로서 일종의 개혁자인 사람이 많다. 이런 타입의 눈을 한 사람은 자신을 믿는 마음이 강하고 대중의 인기를 얻어 많은 신봉자를 끌어들인다. 초년운이 좋아서 일찍 출세하는 사람이다.

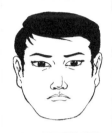

크고 위압적인 눈:
리더의 자질이 있다.

눈이 크고 온화한 사람은 표현력이 뛰어나다

큰 눈의 또 다른 타입은 친근감이 있는 온화한 눈이다. 이런 타입의 눈을 한 사람은 기회 포착이 빠르고 상황을 재빨리 통찰하고는 자신의 행동을 정한다. 또 표현력이 뛰어나며 표정이나 화술, 제스처, 목소리의 매력 같은 것에 의해 인기를 얻기 쉽다. 탤런트 중에도 미남역의 사람은 모두 눈이 크다. 역시 초년운이 좋고 일찍 출세하는 상이다.

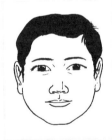

크고 온화한 눈:
임기응변에 능하다.

눈이 작은 사람은 노력파로 말년에 성공한다

눈이 작은 사람은 큰 눈의 사람과 비교해서 젊은 시절이 그다지 좋지 않다. 그러나 성격이 소박하고 인내심이 강해 부지런히 노력해서 성공하는 타입의 사람이다. 대중의 인기를 얻는 일은 없지만 중년에 접어들면서 차츰 운이 트인다. 관공서나 기업의 중견 간부가 되어 착실하고 견실하게 그 조직을 받치는 사람이다.

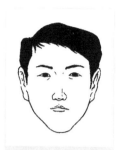

작은 눈:
노력에 의해 만년은
좋다.

눈이 튀어나온 사람은 예리하고 조숙하다

안구(眼球)가 튀어나와 있는 사람을 퉁방울이라고 한다. 위 눈꺼풀의 살집이 엷은 퉁방울이는 직감력이 날카롭고 사람의 마음을 읽어내는 통찰력이 있다. 그러나 마음은 약하다. 또 퉁방울이라도 위 눈꺼풀이 두터운 사람은 대단한 활동가이다. 무슨 일을 하건 끝장을 보는 성격이다. 그런 만큼 일에 열심이지만 씀씀이가 거칠기도 하다. 샐러리맨으로서 맹렬 사원이 되거나 독립해서 사업을 할 사람이다.

좌우가 다른 눈을 한 사람은 금실이 나쁘다

앞장에서 "좌우가 극단적으로 다른 얼굴은 흉상"이라고 했는데, 눈만 좌우가 가지런하지 않을 경우는 얼마간 덜하기는 하지만 흉상임에는 마찬가지다. 좌우 눈의 불균형은 태아 때 어머니의 정신상태가 혼란해 있었거나 부부간 금실이 나빴음을 나타낸다. 남성으로서 왼쪽 눈이 작은 사람은 공처가이며, 오른쪽 눈이 작은 사람은 부부 사이가 원만하지 않다. 또 좌우의 눈이 가지런하지 않은 여성은 남편으로 인한 고생이 끊이지 않는다.

좌우가 다른 눈: 부부사이가 원만하지 못하다.

우묵한 눈인 사람은 대인 관계에 서툴다

우묵한 눈을 한 사람은 사람을 상대로 하는 직업에 부적합하다. 큰 눈의 사람과 정반대라고 생각하면 된다. 자기표현이 서툴고 말도 잘 하지 못하며 표정도 없다. 그러나 끈질기게 맞붙어서 일을 성취하는 성격이며, 기업 등에서는 뒷전에서 실적을 쌓아 올리는 경우가 많다.

갈색 눈인 사람은 명랑하지만 경솔하다

눈이 갈색인 사람은 명랑하고 재능도 있지만 좀 경솔한 데가 있다. 또 갈색 눈의 사람은 색채에 대한 센스가 있다.

검은 눈인 사람은 순정파이고 정열적이다

동양 사람은 눈이 검은 사람이 많은데 검은 눈은 순정과 정열을 나타낸다. 크고 검은 눈은 착실하고 순진한 성격임을 나타내고 작고 검은 눈의 사람은 성격이 격한 데가 있다.

아래 삼백안(三白眼)은 굉장한 집념가이다

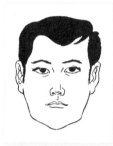

아래 삼백안:
굉장한 집념가이다.

검은 눈동자와 아래 눈꺼풀 사이가 희게 벌어져 있는 눈을 아래 삼백안이라고 한다. 아래 삼백안의 사람은 전력을 기울여 일을 성취하려고 한다. 한번 목표를 정하면 완성해야 한다는 굉장한 집념이 있다. 이상은 높고 지성도 있지만 목적을 위해서는 수단을 가리지 않는 면을 갖춘 사람이다. 또 아래 삼백안에 냉혹한 표정이 깃들어 있는 사람은 사회에 적응하지 못하고 성질이 비뚤어져서 남의 선의를 고분고분하게 받아들이지 않는다. 차츰 사회에서 탈락해 때로는 범죄를 저지르거나 잔혹한 짓을 할 가능성이 있다. 살인범이나 상해범에 아래 삼백안의 사람이 많다.

냉혹한 표정의
아래 삼백안:
좀처럼 사회에 적응
하지 못한다.

사방 삼백안은 흉상이다

검은 눈동자의 상하 좌우에 흰 부분이 나타나 있는 눈을 사방(四方) 삼백안이라고 한다. 매우 드문 눈이다. 사방 삼백안의 사람은 부도덕하고 때로는 악한 생각까지도 하며 일반인 같은 생활을 하지 않는다. 포악해서 전장에서는 무자비한 군인으로 도움이 되기도 하지만 평화로운 사회에서는 그다지 환영 받지 못하는 상이다.

위 삼백안은 간교한 지혜를 부린다

검은자위와 위 눈꺼풀 사이가 희게 벌어져 있는 눈을 위 삼백안이라고 한다. 위 삼백안의 사람은 마음이 언제나 오락가락하고 간교한 지혜에 능하다고 하는데 반드시 그런 것만은 아니다. 이런 상에 대해서는 다른 상이나 표정을 보면서 종합적으로 판단해야 한다. 대개 삼백안의 사람은 그 차가운 인상 때문에 남의 호감을 사지 못하는 면이 있다. 그러나 나폴레옹도 삼백안이었다고 하니 꼭 흉상으로 단정할 수만은 없다.

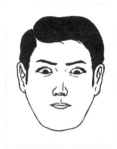

위 삼백안:
흉상이라고   단언할
수는 없다.

눈과 눈썹 사이가 넓은 사람은 인기인이 된다

눈과 눈썹 사이가 넓고 살집도 좋은 사람은 남에게 좋은 인상을 주고 인기를 끄는 경우가 많다. 인기 탤런트는 모두 이와 같은 상을 하고 있다. 사소한 일에 신경을 쓰지 않으며 무슨 일이나 남에게 맡길 수 있는 사람으로서 마음이 넓다. 그 때문에 남의 조력을 받으면서 자신도 노력하여 성공한다. 다만 이 부분의 살집이 엷은 사람은 호인으로, 남에게 이용당하기 쉽다.

눈과 눈썹 사이가 좁은 사람은 대기만성형이다

눈과 눈썹 사이가 좁은 사람은 그다지 인기를 끌어
들이지 못하고 세상에 나가기까지 상당한 기간이 걸
린다. 인품은 착실하고 견실하다. 눈과 눈썹 사이가 넓
은 사람과는 전적으로 대조적인 상이라고 생각하면
된다. 눈과 눈썹 사이가 좁고 살집이 붙어 있으며 팽
팽할 경우는 대기 만성형의 노력파로서 당대에 성공
을 거둔다.

눈과 눈썹 사이가 넓고 삼백안인 사람은 흉상이다

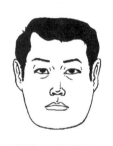

눈과 눈썹 사이
가 넓은 삼백안:
남을 믿지 않는다.

눈과 눈썹 사이가 넓은 것은 좋은 상이지만 삼백안
이 따를 때는 예외이다. 눈과 눈썹 사이는 넓지만 약
간 우묵하면서 삼백안인 남성은 여성을 진지하게 대
하지 않고 가볍게 생각한다. 또 남을 신용하지 않고
음험하다. 이와 같은 좋은 인상과 악상이 조합되면 인
기가 있음을 악용하는 흉상이 된다.

눈동자가 좌우로 흔들리는 사람은 경계심이 많다

눈동자를 좌우로 움직이는 것은 마음이 동요하거나

경계심을 품고 있기 때문이다. 그와 같은 눈을 '밤손님의 눈'이라고 한다. 도둑은 언제나 형사의 눈을 피하려고 강한 경계심으로 눈동자를 불안하게 움직이기 마련이다.

눈이 흐리멍덩한 사람은 오관이 둔하다

눈이 흐리멍덩하고 움직임이 둔한 사람은 미각, 후각, 시각, 청각, 피부 감각이 보통 사람보다 둔하다. "눈은 마음의 창"이라는 말이 있듯이 눈은 그 사람의 뇌를 나타낸다고 볼 수 있다.

눈이 웃지 않는 사람은 마음이 차다

얼굴은 웃고 있는데도 눈은 조금도 웃지 않고 있는 사람은 냉정, 냉담, 냉혹한 성격을 갖고 있다. 이런 사람은 좀처럼 감정적이 되지 않고 냉정하게 상대방을 관찰하는 마음이 차가운 사람으로서 마음을 놓지 못한다.

눈꺼풀을 보면 상대를 알 수 있다

외겹 눈꺼풀의 사람은 소심하고 인내심이 강하다

쌍꺼풀이 아닌 외겹 눈꺼풀의 사람은 작은 눈의 사
람과 대체로 같은 성격이다. 소심하고 주의 깊은데다
인내력이 있으므로 큰 성공도 없거니와 큰 실패도 하
지 않는다. 그다지 명랑한 사람은 아니다. 외겹 눈꺼풀
이면서 눈이 큰 사람은 큰 눈이 가리키는 밝은 성격보
다 다소 덜하다고 보면 된다. 인상이란 이와 같이 상
반된 두 가지 상이 동시에 존재할 경우는 양자를 종합
해서 하나의 판단을 내려야 한다.

쌍꺼풀의 사람은 민첩하지만 경솔한 면도 있다

쌍꺼풀의 사람은 큰 눈의 사람과 대체로 같은 성격
이라고 보면 된다. 외겹 눈꺼풀의 사람보다도 인기가

있으며 발랄하고 행동이 매우 민첩하다. 성격은 화려하지만 경솔한 면도 있다. 쌍꺼풀에 눈이 작을 경우는 소박한 성격에 발랄한 것이 보태졌다고 보면 된다. 그리고 성형 수술에 의해 외겹 눈꺼풀을 쌍꺼풀로 하면 인상학상 또는 심리학상으로도 성격은 당연히 변화한다.

좌우가 다른 눈꺼풀은 이중인격이다

한쪽 눈꺼풀이 외겹이고 다른 쪽이 쌍꺼풀인 사람은 좌우가 가지런하지 않은 눈과 마찬가지로 판단한다. 이럴 경우 쌍꺼풀의 눈 쪽이 외겹 눈꺼풀의 눈보다도 큰 것으로 간주한다. 좌우 눈꺼풀의 불균형은 모체 내에 태아로 있을 때 아버지와 어머니의 성격, 체질의 부조화를 이루어 본인에게 이중인격을 형성시켰다고 볼 수 있다.

눈꺼풀은 젊음과 체력의 바로미터이다

눈꺼풀을 '안검(眼瞼)'이라고도 한다. 인상을 판단하는 데 있어서 그다지 변화가 풍부한 부위는 아니지만 젊음과 체력을 잘 나타내는 곳으로서 인간 판단에 도움이 되는 것이다. 밤을 새우면 눈 아래에 그늘이 생긴다. 이것은 육체의 무리에 따른 피로가 아래 눈꺼풀과 그 주변에 나타난 것에 불과하다. 또 사람이 나이를 먹으면 목 부분과 눈 주위가 느슨해져 아무리 화장을 해도 숨길 수가 없다. 실로 눈꺼풀은 젊음과 체력의 바로미터이다.

귀를 보면 상대를 알 수 있다

귀는 뇌의 모양과 흡사하다

귀의 모양은 뇌의 모양과 흡사하다고 한다. 따라서 귀는 그 사람의 유전적인 특징을 잘 나타냄과 동시에 소질이나 현명함, 어리석음 등을 나타내고 있다고 볼 수 있다. 귀가 뇌와 흡사하다는 것은 그 모양만을 보고 하는 말은 아니다. 생리학적으로도 뇌의 작용을 대변하는 것 같은 면이 있다. 그것을 잘 증명하고 있는 것이 중국 의술의 하나인 이침법(耳針法)이다.

이침법이란 귀에 침료법(針療法)을 시행하는 것으로서 병을 고치려고 하는 치료법이다. 귀에는 내장을 위시해서 전신의 경혈이 모여 있다. 따라서 귀에 침료법을 쓰면 온몸의 각 부위에 걸친 병을 치료할 수 있는 것이다.

이침법은 1950년대 후반 프랑스의 의학박사 노이제

르에 의해 알려졌지만 동양에서는 거의 주목받지 못
하다가 10여 년이 지나 갑자기 주목을 받게 되었다.

귀의 3대 분류법

체형과 마찬가지로 귀에도 심성질, 영양질, 근골질
이라는 삼종의 기본적인 형이 있다. 그러나 동일인이
라도 체형의 기본형과 귀의 기본형이 반드시 일치하
지는 않는다. 예를 들어, 체형은 근골질인데 귀는 영양
질(또는 그에 가까운)인 경우가 있다. 그와 같은 혼합형에
있어서는 기본형을 우선 분별하고 나서 종합적으로
판단한다.

귀는 그 사람의 선조나 부모 등으로부터 받고 있는
영향, 즉 혈통이나 유전을 나타내고 있다. 귀는 좌우
동형의 모양이 좋은 상이며, 상처나 결함이 있는 것은
좋지 않다. 그리고 왼쪽의 그림처럼 귀의 상부는 눈썹
의 선으로부터 시작하고 귀의 하부는 코의 밑 부분 선
과 일치하는 것이 귀의 바른 위치로 되어 있다.

귀의 기본적인 세 가지 타입의 특징은 다음과 같
다.

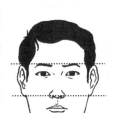

귀의 바른 위치:
위는 눈썹, 아래는
코 밑 선과 일치해야
한다.

① 심성질의 귀
심성질의 얼굴과 마찬가지로 상부가 크고 하부가 차츰 좁아진
귀. 심성질 귀의 성격은 심성질의 사람과 거의 같다.

102

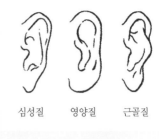

② 영양질의 귀

살집이 좋고 둥글며 풍부한 느낌의 귀. 소위 '복귀(福耳)'라고 말하는 것으로서 귓불이 통통한 것이 특징이다.

③ 근골질의 귀

귀의 중간 부위가 상·하부보다 잘 발달해 있는 귀이다. 근골질 귀의 성격은 근골질 체형의 사람과 같다고 볼 수 있다.

심성질   영양질   근골질

귀의 3대 분류법

귀가 큰 사람은 주의 깊다

눈썹의 선 및 코의 밑 부분의 선에서 삐져나와 있는 큰 귀의 사람은 주의 깊은 성격으로서 신중히 일을 생각하고 처리한다. 또 상식적이며 인품이 조용하다. 큰 데다 살집이 좋은 귀는 금전운이 좋고 인품도 조화를 잘 이루고 있으며 건강이 좋아서 장수한다. 살집이 엷고 빈약한 귀는 그다지 좋은 상이라 볼 수 없다.

귀가 작은 사람은 감정적이다

귀가 작은 사람은 의지가 약하고 감정적이 되기 쉽다. 마음이 변하기 쉬운 사람이기도 하다. 또 비밀을 지킬 수 없고 남에게 누설해 버리는 경향이 있다. 성급한 사람이 많다. 작은데다 빈약한 귀는 빈상(貧相)을 가리킨다. 극단적으로 작은 귀의 사람은 기인(奇人)이나 별난 짓을 잘하는 사람이라는 말을 듣게 된다. 크고 빛깔이 좋은 귀가 좋은 상인 것이다.

귀의 살집이 두터운 사람은 복이 있다

살집이 두텁고 통통한 귀는 좋은 상이다. 귀의 살집은 그 사람의 숙명과 유전을 나타내고 있다. 통통하고 색깔이 좋은 귀는 좋은 유전 하에 태어났음을 가리킨다.

귀의 살집이 없는 사람은 불운하다

귀가 크고 좋은 모양을 하고 있어도 살집이 빈약하면 그만큼 불운하다. 귀의 크고 작음 외에 살집을 종합해서 판단하지 않으면 안 된다.

귀가 가지런하지 않은 사람은 재산을 못 모은다

양쪽 귀의 크기나 높이가 다른 사람은 재산을 모으지 못한다. 이런 사람은 출산할 때 난산이었거나 유전적으로 좋지 않은 면이 있다고 판단된다.

귀가 정면에서 보이지 않는 사람은 리더의 상이다

정면에서 그 사람을 보았을 때 귀가 얼굴 옆으로 평평하게 붙어 있어 잘 보이지 않는 사람이 있다. 그와 같은 귀는 좋은 상이다. 이런 귀를 가진 사람은 남의 위에 서는 리더의 상을 타고 나서 체력도 좋고 일에 열심히 맞붙는 사람이다. 독립된 직업에 적합하고 정치가나 사업가에 적격이다. 여성이라도 이런 귀의 사람은 자력으로 출세할 수 있다.

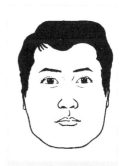

보이지 않는 귀:
남의 위에 서는 리더의 자질이 있다.

복귀는 복을 부른다

귓불이 통통한 귀를 복귀(福耳)라고 한다. 복귀의 사람은 복을 타고난다. 토지, 가옥 등의 부동산을 소유하고 재산도 모은다.

귓불이 없는 사람은 돈과 인연이 없다

귓불이 없는 귀는 복귀와는 반대로 돈과는 인연이 없다. 수입이 있어도 곧 낭비해 버린다. 이와 같은 귀의 사람은 견실한 샐러리맨이 되어 살아가는 것이 좋다. 야망을 품는 것은 금물이다.

귀의 색깔로 사람을 아는 법

모양이나 살집 외에 색깔도 또한 귀의 상을 보는데

있어서 큰 실마리가 된다. 귀의 색깔을 보면 여러 가지의 일을 알 수 있다.

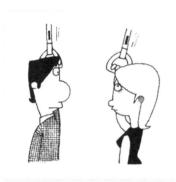

귀에 검은 빛을 띠고 있는 사람은 신장병을 조심해야 한다.

① 담홍색(淡紅色)의 귀

엷은 홍색을 하고 있으면 풍족한 귀는 남의 신용을 얻고, 인간관계나 사업 면에서 일이 순조로이 진전하고 성공하는 상이다. 신체는 강건하고 내장의 상태도 좋다.

② 적색(赤色)의 귀

귀가 붉은 것은 혈행(血行)이 왕성하다는 것을 나타낸다. 붉은 귀의 사람은 일이나 거래에 있어서 남과 분쟁을 일으키는 경우가 많다. 다혈질의 사람이다.

③ 적몽색(赤蒙色)의 귀

적몽색이란 검붉은 색깔로 피가 뭉쳐 있는 것 같은 색깔을 말한다. 적몽색 귀의 사람은 신장염(腎臟炎)의 위험이 있다.

④ 흰 귀

빈혈을 일으키고 있는 것 같은 귀이다. 병약함을 나타낸다. 또 세상의 신용을 잃는 상이기도 하다.

⑤ 푸른 귀

3년 이내에 생명의 위기를 맞을 상이다. 사고나 사건이 일어나기 쉽다.

⑥ 검은 귀

적동색 귀의 사람과 마찬가지로 신장 질환에 주의하지 않으면 안 된다.

⑦ 마른 풀색의 귀

몸이 허약하고 자식운이 없는 상이다.

⑧ 암몽색(暗蒙色)의 귀

암몽색이란 그을린 것같이 검은 것으로서 운수가 나쁜 상임을 가리킨다. 암몽색 귀의 사람은 무엇을 해도 잘 되지 않는다.

귀의 유년법(幼年法)

귀는 그 사람의 일생을 좌우하는 운명이나 성격을 나타냄과 동시에 태어나서부터 7세까지의 운도 가리키는 곳이다. 극히 어릴 때의 운을 보는 방법에 귀의 유년법이라는 것이 있다. 오른쪽의 그림처럼 귀의 측면을 태어나면서부터 7세까지의 연령으로 구분한다. 그 연령에 해당하는 부분에 멍이나 점이 있으면 그 나이 때에 길흉이 있음을 가리킨다. 7세라고 하면 인생의 큰 문제에 부딪힐 일이 거의 없는 시간이므로 여기서는 유년법의 존재를 소개하는 것만으로 그치기로 한다.

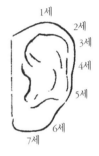

귀의 유년법:
예를 들어 5세의 위치에 점이나 흉이 있으면 5세 때에 길흉이 있다.

코를 보면 상대를 알 수 있다

코는 인격을 표현한다

코는 그 사람 자체를 표현한다고 한다. 흔히 사람들이 "저 말입니까?" 하고 말하면서 손가락으로 자신을 가리킬 때는 어디를 가리키는가? 대부분의 사람들이 자신의 코를 손으로 가리키고 있다. 그것도 무의식중에 그렇게 할 때가 많다. 절대로 입이나 눈, 귀를 가리키지는 않는다.

코는 얼굴의 한복판에 있다. "클레오파트라의 코가 한 치만 더 낮았더라면 역사는 바뀌었을 것이다."라고 하는데 코는 아름다움이나 프라이드의 상징이기도 하다. "딸아이의 말이 나오면 저 사람은 콧대가 높아진다."고도 하며, 풀이 죽으면 "콧대가 납작해졌다."고도 한다.

코 하나만을 놓고서도 갖가지 인간 판단을 할 수 있다. 옛날의 왕족이나 재상들은 코가 높고 갸름한 얼굴의 사람이 많았다. 그와 같은 얼굴 생김새를 '왕족상'이라고 했다. 이에 대해 당시의 서민 중에는 코가 낮고 둥근 얼굴이 많았다고 한다. 현재는 그와 같은 구별은 없다. 산간벽지에도 코가 잘 생긴 훌륭한 얼굴의 사람이 많은가 하면 도시의 한복판에 살면서 상당한 지위에 있는 사람 중에도 별로 훌륭하지 못한 얼굴 모양을 가진 사람도 있다. 단순히 높고 낮다는 것만이 아니라 코에도 여러 가지 모양이 있다. 그러한 모양은 성격이나 운명을 알기 위한 정보가 되는 것이다.

코가 높은 사람은 자존심이 강하다

코가 높은 사람은 자존심이 강하다. 남의 밑에 서는 것은 자존심이 허용하지 않는다며 남의 위에 서기를 바란다. 거만한 성격이어서 사람을 사람으로 생각하지 않는 사람도 있다. 이상이 높기 때문에 발밑을 보지 못하고 현실적인 면에서의 처리가 능숙하지 못하다. '이 사회는 이렇게 되어야 한다.'고 하는 총론은 세워도 구체적으로 어떻게 하면 좋으냐는 이야기가 나오면 신통한 말이 안 나오는 사람이다. 이상을 내세우고 사는 사회, 즉 종교계나 사회복지사업 같은 방면에 들어서면 좋다. 금전이 얽히는 상인이나 세일즈맨 같은

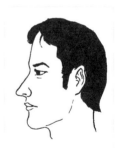

높은 코:
자존심이 강한 사람
이다.

것에는 적합하지 않다.

코가 낮은 사람은 자존심이 약하다

코가 낮은 사람은 겸허하다기보다는 자신을 비하(卑下)하는 성격으로서 금전운도 약하다. 남의 밑에 서는 것이 적합하며 주어진 일을 잘한다. 자신을 알고 자신의 페이스를 지키는 것에 능숙하다.

코가 긴 사람은 자존심이 높다

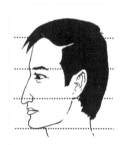

긴 코:
자존심이 강하고 속된 짓을 싫어한다.

아래의 왼쪽 그림처럼 코의 길이는 그 사람 얼굴의 3분의 1을 차지하는 것이 표준이다. 이보다 더 기냐 짧으냐에 따라 긴 코, 짧은 코로 구별하는데 코가 긴 사람은 대체로 자기 기품을 지키려고 하는 자존심이 높고 융통성이 없는 고지식한 사람이다. 이른바 고상한 사람이기 때문에 돈벌이 이야기나 세속적인 이야기 같은 것에는 흥미를 보이지 않는다. 또 거리를 걸을 때에도 자신의 프라이드를 유지하려고 하기 때문에 복장이나 언행에 신경을 쓰지만 멋을 내는 것처럼 보여서 그다지 남들과 친교가 많지 못하다. 이런 사람은 성실하고 책임감도 강하며 꼼꼼하기 때문에 쓰이기에 따라서는 유능한 비즈니스맨이 되기도 한다. 코가 길수록 고독, 고고성(孤高性)이 강해지고 속계(俗界)에서 초월해져 간다.

코가 짧은 사람은 결단력이 빠르다

코가 짧은 사람은 융통성이 많은 사람이다. 성격은
싹싹하고 일을 그다지 심각하게 생각하지 않으며 얼
마간 잡되지만 빠르다. 재능이 있으면 리더형으로서
사람을 끌어들이며, 재능이 없는 사람은 게으른 인생
을 보내기 쉽다. 그리고 긴 코의 경우는 대개 코끝이
아래쪽을 향하고 짧은 코의 경우는 위쪽을 향해 있는
경우가 많다.

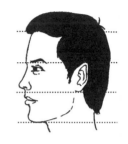

짧은 코:
씩씩하고 결단이 빠
르다.

코가 휘어 있는 사람은 수입이 불안정하다

중심에서 오른쪽이나 왼쪽으로 휘어 있는 코는 코
가 낮은 사람보다도 코가 높은 사람에게서 많이 볼 수
있다. 이런 사람은 한몫 잡아서 큰 수입을 얻었는가
하면 곧 없어지는 등 수입 면에서 기복이 심하다. 따
라서 크게 한몫 잡았는가 하면 어느 날 갑자기 행방을
감추고 큰 부채를 남기는 사람도 있다. 여성의 경우는
결혼이 잘 되지 않는 상이다.

콧대가 꺾인 사람은 투쟁적이다

꺾여진 콧대는 서양인에게서 흔히 볼 수 있다. 이런 상은 무엇보다도 투쟁적이며 남에게 지는 것을 수치로 여긴다. 전력을 다해서 일에 맞서는 것을 좋아하기 때문에 쓰이기에 따라서는 유능한 인재가 된다. 그러나 남에게 종속하거나 협조하는 것에 능숙하지 못한 성격이어서 상인이나 손님을 맞는 직업에는 적합하지 않다.

매부리코인 사람은 금전만능주의자다

매부리코는 아랍인이나 옛날의 유태인에게서 볼 수 있었던 상이다. 매부리코의 사람은 금전만능의 생각을 갖고 있으며 금전을 위해서는 적과도 손을 잡고 살붙이라도 배반한다. 상인으로서 적합하며 특히 브로커 등이 적합한 직업이라고 할 수 있다. 남의 희생을 당연하게 생각하며, 결국 큰 재산을 모을 사람이지만 인간적으로는 누구에게도 사랑을 받지 못하고 신용도 얻지 못한다.

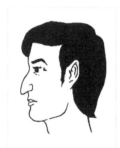

매부리코:
금전만능주의자일
가능성이 크다.

코가 둥근 사람은 태평스러운 재산가이다

코끝이 둥근, 이른 바 '경단코'의 사람은 일에 그다지 관심을 가지지 않고 세상을 태평스럽게 살아간다. 그렇다고 호인이냐 하면 그렇지도 않고 아주 똑똑한 면도 있어서 어느 틈에 재산을 모으고 풍족한 생활을

하게 된다. 옷차림이나 체면을 개의치 않고 어디까지
나 실용 본위의 생활에 힘쓰는 사람이다. 일생을 통해
서 금전운은 좋은 편이다.

코끝이 뾰족한 사람은 개성이 강하다

코끝이 뾰족한 사람의 성격은 코가 높은 사람의 성
격보다 더욱 강하다. 프라이드가 강렬하고 남에게 지
는 것을 극도로 싫어한다. 남과 협조하는 것을 접근으
로 여기지 않고 상대방에게 굴복하는 것으로 생각한
다. 자기 욕심은 남보다 배 이상 많고 남의 곤란에는
아무런 동정도 보이지 않는다. 차가운 인품이다. 자아
(自我)가 강하다는 점에서는 초일류라고 할 수 있다.

끝이 뾰족한 코:
개성이 강한 편이다.

여성형 코의 사람은 의뢰심이 강하다

코끝은 보통 크기이지만 코의 능선(콧마루)이 낮은
것을 '여성형 코'라고 한다. 옛날의 여성에게 많이 볼
수 있었던 코이다. 이런 상의 사람은 이상을 동경하지
만 신념이 약하고 항상 강한 사람에게 의지하는 것을
바라고 있다. 남편을 내세우고 남편에게 순종하는 장
점은 있지만 악한 남자에게 이용을 당해도 여전히 그
남자를 의지하는 여성이 많다. 오늘날의 시대에는 그
다지 볼 수 없는 형이다.

여성형의 코:
자아가 약하고 누군
가에게   의존하려고
한다.

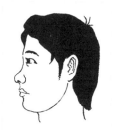

갓난아기형 코:
자주적인 판단력이
결여되어 있다.

갓난아기형 코의 사람은 판단력이 무디다

갓난아기 때의 코를 그대로 가지고 어른이 된 것 같은 사람은 마음도 어른이 되지 않았다고 볼 수 있다. 자기주장이 없고 인생의 이상도 없다. 따라서 어느 사람이 우측이라고 하면 그대로 믿고 다른 사람이 우측이 아니라 좌측이라고 하면 그렇게 믿는다. 사람이 좋다기보다는 자주적인 판단력이 무딘 사람이다.

코에 선이 나타나면 흉상이다

콧마루에 나타나는 종선이나 횡선은 좋은 상이라고 할 수 없다. 세로로 나타나는 선은 금전을 잃는 전조 (前兆)이며 자식운이 없고 남의 자식을 양육할 팔자이다. 가로로 나타나는 선은 외롭고 고독한 인생임을 가리킨다. 또 유문(柳紋)이라고 해서 가지가 있는 무늬가 나타나는 것은 분쟁에 휩쓸리는 운을 가리키고 있으니 주의할 필요가 있다.

콧방울이 처진 사람은 부하복이 없다

콧구멍이 나 있는 부분을 콧방울이라고 한다. 콧방울이 코끝보다도 처져 있는 사람은 부하의 운이 없으며 아무리 부하의 뒤를 보살펴 주어도 보답을 받는 일이 없다. 그 까닭은 이런 사람 스스로가 인덕이 갖추

어져 있지 않기 때문에 남이 따르려고 하지 않고 보살
펴 주어도 감사를 받지 못하는 것이다.

코끝의 점은 파란을 몰고 온다

코의 끝에 점이나 상처가 있는 사람은 파란이나 부
침(浮沈)이 있음을 가리키고 있다. 남보다 배 이상 고생
하고 노력하지 않으면 안 되는 운명이다.

콧구멍의 크기가 다른 사람은 저축하지 않는다

두 개의 콧구멍 크기가 극단으로 다른 사람은 얼굴
이 일종의 불균형을 이룬 상으로서 돈벌이는 잘하지
만 저축은 하지 않는다.

코끝의 점:
운명에 파란이나 부
침이 있다.

콧방울이 뻗친 사람은 재산을 모은다

콧방울이 좌우로 뻗친 사람은 당대에 재산을 모을
수 있는 사람이다. 둥근 코의 사람과 마찬가지로 체면
을 차리지 않고 겉치장도 하지 않으며 실질적, 실리적
으로 처세해서 성공하는 타입의 사람이다. 섬세한 데
가 없으며 일을 대범하게 처리하는 것이 특징이다.

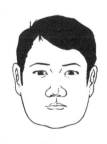

콧방울이 뻗친 코:
당대에 재산을 모은다.

콧구멍이 큰 사람은 돈이 붙어 있지 않는다

콧구멍이 큰 사람은 노출적인 인품으로서 무슨 일이든 숨기지를 못한다. 또 부자가 되어도 동시에 지출도 많은 사람이다.

콧구멍이 작은 사람은 겁쟁이다

콧구멍이 작은 사람은 소심하고 경계심이 강하고 큰일을 하지 못한다. 돈벌이도 못하지만 지출도 하지 않는 타입이다. 콧구멍은 콩알 정도의 크기가 표준이다.

붉은 코는 파산을 의미한다

코끝이 붉은 사람은 알코올 중독자라는 말을 듣는데 인상학에서는 재산을 잃는 흉상을 가진 사람으로 판단한다. 경제적으로 괴로움을 당하거나 형(刑)을 언도받는 등의 흉운을 가리킨다. 만일 붉은 코의 사람이 재운이 있다면 그 대신 단명(短命)하거나 고난을 당하게 된다. 어떻든 간에 좋은 상은 아니다.

코가 지저분한 사람은 가난하다

코의 피부가 까칠하거나 얼룩, 상처, 멍 등이 있는 것은 흉상으로 금전운이 좋지 않다. 또 일을 해도 좌절하는 경우가 많다.

제4장

입 · 치아 · 턱 · 뺨을 보고

사람을 아는 법

1__입과 입술을 보면 상대를 알 수 있다
2__법령을 보면 상대를 알 수 있다
3__치아를 보면 상대를 알 수 있다
4__턱을 보면 상대를 알 수 있다
5__뺨을 보면 상대를 알 수 있다

입과 입술을 보면 상대를 알 수 있다

입은 생활력, 생존력, 본능을 나타낸다

입은 그 사람의 지성(知性)이라기보다는 감정적 혹은 감각적인 면이나 의지의 상태 등을 강하게 표현하는 곳이다. 사람이 중대한 결의를 했을 때는 입을 굳게 다물며, 방심했을 때나 놀랐을 때에는 멍청하게 입을 벌린다. 화를 내면 입을 뾰족하게 하거나 삐죽거린다.

입은 생활력, 생존력, 본능을 표현하는 곳으로서 성욕도 나타난다. 따라서 입술과 입술의 접촉이 성적인 행위가 될 수 있다.

윗입술은 그 사람의 적극성을 나타내고 부성(父性)을 가리킨다. 아랫입술은 소극성을 나타내고 모성(母性)을 가리킨다. 이와 같이 상하의 입술을 보면 사람의 성격을 알 수 있다. 또 입의 크기에 따라 성격과 운세가 달라지며 입술의 색깔에 따라서도 여러 가지로 달라진

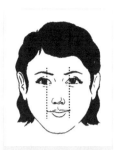

입의 표준 크기:
검은자위의 내측 거리를 표준으로 삼는다.

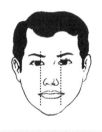

큰 입:
호탕한 편이며, 정욕이 강하다.

다. 큰 입은 생활력이 있다고 판단되지만 느슨해 있으면 도리어 야무지게 보이는 입의 사람보다도 못하다. 입에 따른 판단법을 구체적으로 소개하기로 한다.

입이 큰 사람은 호탕한 정력가이다

입의 크기는 왼쪽 그림처럼 눈의 검은자위에서 그어 내린 선의 너비만큼 되는 것이 표준이다. 그보다도 입이 크고 야무지게 보이는 사람은 호탕한 성격으로서 신망을 얻어 남의 위에 서게 된다. 또 행동력과 결단력이 뛰어나며 많은 사람을 거느리고 큰일을 성취하는 경우가 많다. 입이 작은 사람으로서 많은 사람의 리더가 되어 있는 예는 매우 드물다. 입이 큰데다 입술이 두툼하게 생긴 사람은 성욕이 왕성하다. 이와 같은 사람은 인생의 목적을 사업 같은 것에 두기보다는 정사(情事)쪽에 두기 때문에 자칫하면 실패할 경우가 많다. 썩 좋은 상이라고 할 수는 없다. 단지 입이 큰 것만으로는 좋은 상이라고 할 수가 없다.

입이 작은 사람은 소심하고 투쟁력이 없다

작은 입일수록 생활력이 강하다. 입이 작은 사람은 소심하기 때문에 남의 위에 서도 성공하지 못한다. 요컨대 권력이나 지위로 부하를 억압하는 상사가 된다.

투쟁력이 부족해서 강한 적과는 맞서려고 하지 않는다. 이런 사람은 너무 큰 것을 바라지 말고 분수에 맞게 열심히 기반을 닦아가는 것이 좋다. 샐러리맨으로서 매우 적합한 타입이다.

입이 튀어나온 사람은 야성적이다

입이 튀어나올수록 야성적이고 생활력도 있다. 인종별로 보면 입이 가장 많이 튀어나온 것은 흑인이고, 다음이 동양인이다. 입이 튀어나온 사람은 말이나 행동에 있어서 남에게 지지 않는 억센 면에 있고, 어느 정도 강인하게 자기주장을 관철한다. 그 때문에 완력을 쓰거나 난폭한 언사를 쓰기도 한다. 웬만큼 교양이 있는 사람이라도 자기주장을 관철할 때에는 지성적이 아닌 언동을 한다.

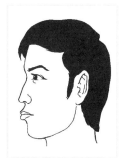

튀어나온 입:
야성적이며 생활력이 강하다.

입이 들어가 있는 사람은 마음이 약하다

입이 들어가 있는 사람은 소극적인 생각을 한다. 남에게 너무 조심스럽고 자기 기분을 억제하기 때문에 자기주장을 내세우지 못하며 또한 그 일을 마음에 두고 걱정하는 사람이 많다. 필요한 주장도 할 수 없는 사람으로 다른 사람에게 끌려 다니는 형편이 되고 만다.

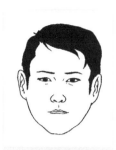

입술이 얇은 사람은 차갑고 타산적이다

얇은 입술은 타산적인 성격을 나타내고 차가운 자기 본위의 사람이다. 여성으로서 입술이 얇은 사람은 수다스럽고 경박하며 그다지 풍족한 운명은 아니다.

입술이 두터운 사람은 정에 빠지기 쉽다

입술이 두꺼운 사람은 정이 두텁고 친절하다. 다만 너무 두꺼우면 정욕으로 신상을 그르친다.

윗입술이 두꺼운 사람은 애정이 깊다

윗입술은 남을 위하는 애정(적극성)을 가리킨다. 따라서 윗입술이 두꺼운 사람은 정이 깊은 사람이라고 할 수 있다. 윗입술이 유별나게 두꺼운 여성은 남성에게 약하다. 그러나 마음만은 강한 법이다. 여성으로서 윗입술이 유별나게 두꺼운 사람은 자기주장이 강하다.

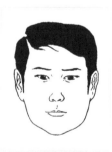

윗입술이 유난히 얇은 사람은 애정을 주지 않는다

윗입술이 유별나게 얇은 사람은 남에게서 애정을 받기만 하고 애정을 줄 줄 모른다.

122

아래턱이 더 내민 입의 사람은 애정이 없다

아래턱이 더 내민 입은 의학용어로 '하악전돌(下顎前突)'이라고 하는데 유전하는 듯하며 옛날 프랑스 왕의 가문에서 많이 볼 수 있었다. 아래턱이 더 내민 입에는 다음의 두 종류가 있으며, 제각기 성격이나 운명이 다르다.

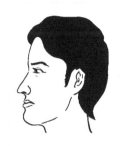

턱뼈가 나온 입:
부부사이가 좋지 않다.

① 아래턱의 뼈가 앞으로 튀어나온 사람

배우자의 일로 고생하는 사람이다. 그다지 연애 감정을 풍부하게 가지지 못하는 성격으로서 남성은 아내와의 사이가 원만하지 않다.

② 아랫입술만 두껍고 앞으로 나온 사람

자기 본위의 성격을 지닌 사람이다. 약속을 함부로 파기하고 행동하기 때문에 신용을 잃게 된다.

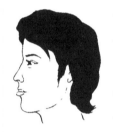

아랫입술이 튀어 나온 입:
이기적이다.

이상 어느 쪽이건 그다지 좋은 상은 아니다. 그리고 아래턱의 뼈가 앞으로 나온 사람의 목소리에는 독특한 울림이 있다.

아랫입술이 들어가 있는 사람은 개성이 없다

앞에서 말한 것과는 반대로 아랫입술이 들어가 있는 상의 사람은 개성이 없어 남에게 리드당할 뿐 자기 주장 같은 것을 펴지 못한다. 이런 사람과 이야기를 나누고 있으면 어딘지 못 미더운 느낌을 받는다. 이런 사람은 대조직의 일원으로서 살아가는 편이 좋다. 샐러리맨을 벗어나서 독립해 보았자 성공하기가 어렵다. 분수를 아는 것이 중요하다.

입술이 일그러진 사람은 잔소리가 심하다

언제나 입술을 일그러뜨리고 있는 사람은 격해서 화를 잘 내는 성질이며 남이 성가시게 생각할 정도로 다른 사람 일에 참견해서 미움을 산다. 이런 사람은 허영심도 강하고 툭하면 허세를 부리려고 하며 적을 만들기 쉽다. 남의 밑에서 일해도 미움을 사고 원만하지 못한 사람이다. 손님을 상대하는 일에 적합하지 않으며 혼자서 마음대로 할 수 있는 직업을 택하면 좋다.

항상 입을 벌리고 있는 사람은 지능이 낮다

축농증의 사람은 코로 호흡할 수 없기 때문에 언제나 입을 벌리고 호흡한다. 언제나 입을 벌리고 있는 사람은 이처럼 콧병에 걸린 사람이거나 지능이 발달해 있지 않은 사람이다. 어느 쪽 타입이건 이와 같은 사람은 끈기가 모자라기 때문에 성공하지 못한다. 코가 나쁜 사람은 빨리 수술해서 입을 다물도록 하는 것이 좋다.

모나리자의 입은 인기를 끈다

레오나르도 다 빈치가 그린 모나리자의 초상화는 그 입가에 떠올린 '신비스러운 미소'로 너무나도 유명하다. 모나리자의 입은 이지러진 입과는 반대로 입술의 양끝이 약간 치켜 올라갔다. 그와 같은 상의 사람은 현대 사회에서도 흔히 볼 수 있고 여성의 경우는 대개 행운을 얻고 있다. 남성의 경우도 탤런트 같은 인기직업의 사람들이 흔히 이런 입을 하고 있으며 이런 타입의 입은 좋은 상을 가리킨다.

극단적인 패구형(貝口型)의 입은 배우자 운이 없다

입을 다물었을 때 일자형이 되거나 조개가 입을 다문 것같이 패구형이 되는 것은 남성다운 상이다. 그러나 그것이 극단적인 패구형의 입이 되는 사람은 성격이나 성미가 까다롭고 남편이나 아내 운이 없다. 독신자로서 이와 같은 사람은 가급적 마음을 넓게 가지고 밝은 표정을 짓도록 힘쓰면 운이 좋아진다.

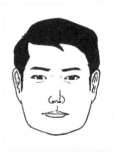

일자로 다문 입: 오로지 일에만 전념한다.

일자형 입의 사람은 일만 아는 사람이다

일자로 힘껏 입을 다무는 사람은 젊은 시절에 오로지 운명과 맞붙어서 일에 열중하는 사람으로 긴 세월에 걸쳐 노력함으로써 목적을 달성한다. 일이 전부라

고 생각하기 때문에 처자에게 있어서는 재미없는 사
람이다.

윗잇몸이 보이는 여성은 남성에게 약하다

웃을 때에 윗잇몸이 크게 드러나는 여성은 남성에
게 약한 모습을 보이며 무슨 부탁을 해도 쉽게 거절하
지 못한다. 사람은 똑똑하지만 어쩐지 남성의 꾐에 약
한 사람이다.

웃어도 입이 우는 상의 사람은 환경이 나쁘다

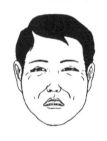

웃는데도 입은 마치 울고 있는 것같이 보이는 사람
은 어딘지 병이 있어 괴로워하거나 혹은 생활고에 허
덕이고 있는 등 좋지 못한 상황에 있다고 보아도 틀림
이 없다. 웃을 때에는 입도 자연스럽게 웃어야 좋은
상이라고 할 수 있다.

웃어도 입이 우는
사람:
그다지 좋은 상이 아
니다.

윗잇몸을 드러내지 않고 웃는 사람은 마음이 젊다

웃어도 위의 잇몸이 드러나지 않는 상은 마음이 언
제나 젊다는 것을 가리키고 있다. 좋은 상이다.

아랫잇몸을 드러내는 사람은 마음이 차다

126

웃을 때에 아랫잇몸이 나타나는 것은 상대방을 냉소하고 있는 상으로 간주된다. 마음이 차가운 사람에게 그와 같은 상이 많다. 그다지 남의 일을 돌보지 않는 자기 본위의 사람이다.

입술의 색깔을 보면 상대를 알 수 있다

① 담홍색의 입술

혈액 순환이 좋고 건강하다. 애정이 깊고 심신이 다 좋은 상태에 있는 사람이라고 할 수 있다.

② 너무 붉은 입술

호흡기 계통의 병에 주의할 필요가 있다. 또 색을 너무 밝혀 고난이 따른다.

③ 검은 입술

소화기 계통이 나쁘거나 마음에 사념(邪念)이 있다. 가정운도 좋지 않은 흉상이다.

④ 검붉은 입술

산소 부족을 가리킨다. 심장에 질환이 있으면 치아노제라는 증상 때문에 입술이 검붉게 된다. 혹은 만성병을 가리킨다. 금전운이 나쁘며 여성이 그러하면 자식운이 없다.

⑤ 푸른빛을 띤 입술

냉담한 성격 또는 쉽게 화를 내는 성격이다. 급병에 걸리거나 생활에 곤궁을 겪기도 한다. 그다지 좋은 상은 아니다.

⑥ 창백한 입술

혈액 순환이 나쁘다는 것을 가리키고 있다. 쇼크를 받거나 심한 추위 속에 있으면 입술이 창백해진다. 언제나 입술이 창백하게 되어 있을 경우는 무슨 심각한 병에 걸려 있을 가능성이 농후하다. 의사에게 신속히 검사를 받는 것이 좋다.

법령을 보면 상대를 알 수 있다

법령(法令)이란 코의 양 옆으로부터 입의 양끝에 걸쳐서 새겨져 있는 주름살을 말한다. 법령은 그 사람의 사회적인 위치를 가리키는 것으로서 지위가 확립됨에 따라 뚜렷이 새겨지게 된다. 중년이 되어서도 법령이 얕게 새겨져 있는 사람은 사회적으로 인정받지 못했거나 생계에 곤궁을 겪는 경우가 많다.

법령

법령의 바른 위치

깊은 법령은 생계의 독립을 가리킨다

법령이란 인상학 용어이고 의학 용어로는 '구순구(口脣溝)'라고 한다. 이 법령이 뚜렷하고 깊게 새겨진 사람은 지위나 신분에 관계없이 독립된 생활을 영위하고 있는 사람이다. 성공한 사람으로서 법령이 얕은 사람은 거의 없다.

법령의 좌우가 가지런하지 않은 사람은 불성실하다

법령이 좌우 가지런히 되어 있지 않은 사람은 직업에 대해서 성심이 부족하고 불충분한 업적밖에 올리지 못한다. 또 좌우 법령의 한 쪽이 두 쪽으로 갈라져 있는 사람은 중년에 들어서서 직업을 바꾸거나 동시에 두 가지 직업을 가진다. 여성이 그러하면 재혼할 징조이다.

법령이 입으로
들어간 사람:
생활고나 병고로 불운하다.

법령이 입으로 들어가 있으면 생활고에 시달린다

법령의 올바른 위치는 앞 페이지의 그림에서 가리킨 대로인데, 왼쪽의 그림처럼 법령이 입술 끝에 접하는 것은 흉상이다. 이와 같은 사람은 생활고에 허덕이거나 질환 때문에 먹는 것이 자유스럽지 못하다. 따라서 먹을 것이 풍족하든 부족하든 아사할 가능성이 높은 팔자이다.

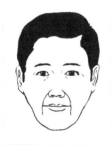

입으로 접해서
하강하는 법령:
초혼이 오래 지속되지 못한다.

법령이 입 가까이 접해서 하강하는 사람은 초혼에 실패한다

왼쪽 그림의 법령은 입에 접하면서 하강하고 있는데 이런 법령을 한 사람은 물론 법령이 입과 평행하게 접하고 있으면 그 어느 쪽도 초혼이 오래 지속되지 못한다.

이런 법령은 만년에 부부가 이별한다

오른쪽의 그림처럼 입을 에워싸고 있는 법령은 만년에 부부가 이별을 하거나 고독하게 될 가능성이 높음을 가리킨다.

입을 에워싼 법령:
만년에 부부가 나빠진다.

치아를 보면 상대를 알 수 있다

치아와 입은 일체관계에 있다

치아와 입은 서로 돕는 일체의 관계에 있다. 치열이 고운 사람은 다른 부분에 다소의 결점이 있어도 남에게 좋은 인상을 주며 운도 좋은 법이다. 치아가 빠진 사람이 의치(義齒)를 해 넣으면 10년은 더 젊어 보인다. 그런 점에서도 치아는 젊음의 상징이라고 할 만하다. 치아를 보고 상대를 아는 방법에도 여러 가지가 있다.

출치:
수완이 있지만 색정적이다.

출치(出齒)인 사람은 수완가이지만 색정적이다

입을 다물려고 해도 잘 다물 수 없을 만큼 앞니가 길게 튀어나온 것을 출치라고 한다. 출치의 사람 중에는 소극적인 사람이 별로 없고 수완가인 사람이 많다. 말수가 적은 사람도 별로 없다. 색정에 얽힌 문제가

132

생기는 상이기도 하다.

반치(反齒)인 사람은 수다스럽고 수완가이다

현재는 반치(反齒)와 출치(出齒)가 똑같이 뻐드렁니로 통하지만 본래는 다른 뜻으로 쓰였다. 반치는 앞니가 길고 젖혀져 있다. 이런 사람은 대개 수다스럽다. 또한 이야기에 별로 내용이 없다. 또 이런 사람은 비밀을 지키지 못한다. 남의 비밀뿐만 아니라 자신의 비밀도 털어 놓는다. 약간의 반치는 일에 있어서 수완가이기도 하다.

반치:
비밀을 지키지 못한다.

여성의 덧니는 좋은 상이다

덧니가 난 어린이는 귀엽지만 어른인 남성에게 덧니가 있으면 어딘지 단단해 보이지 않는다. 결단력이나 용기가 부족하고 남의 말에 좌우되는 사람이다. 그 때문인지 강한 성격의 여성과 맺어지는 경우가 많다. 다만 여성의 경우는 턱이 빈약하지 않으면 좋은 상을 나타내고 호감을 사게 되며 친구운이 좋다. 예능인으로서 성공하는 사람도 꽤 많다.

치아 사이가 벌어진 사람은 부모덕이 없다

치아 사이가 벌어져 있는 사람은 부모, 형제, 친척
과의 관계가 좋지 않고 유년기에 병약했음을 가리킨
다. 일을 중도에 그만두는 사람이 많다. 금전운도 나쁘
고 수입이 있어도 지출이 많기 때문에 늘 어렵게 지낸
다. 심하게 벌어진 사람은 거짓말을 잘 하는 경우가
있다.

턱을 보면 상대를 알 수 있다

턱은 의지력을 나타낸다

턱에는 의지력, 만년운, 주거운, 가정운, 애정운, 자식운 등이 나타나 있다. 어느 지방 정치가 중에 박력이 약한 사람이 있었다. 따라서 인상학 전문가의 권유를 받아들여 턱을 믿음직스러운 모양으로 정형을 해 보았다. 그랬더니 전보다 훨씬 박력 있는 인물로 되었을 뿐만 아니라 믿음직스럽다는 말을 듣게 되었다고 한다. 외모의 변화가 본인의 의식에 변화를 가져 왔기 때문에 성격도 변했다고 할 수 있다.

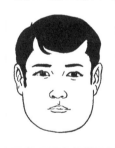

풍부하고 둥근 턱: 도량이 넓고 성공하는 상이다.

풍성하고 둥근 턱은 도량이 넓고 침착하며 온화하다

턱에 붙은 느슨한 군살이 아니라 둥글고 풍부하게 살이 붙어 있는 사람은 도량이 크고 침착하며 온화한 인품이다. 남을 잘 보살펴 주고 많은 사람의 신망을 얻어 큰일을 하는 사람이라고 할 수 있다. 처자의 운도 좋고 만년에는 크게 잘 된다. 남녀 다같이 좋은 상이며 상사나 부하에게 신뢰를 받는 사람이다.

턱이 뾰족한 사람은 고상한 취미를 가졌다

뾰족한 턱:
취미는 고상하지만 실생활에 부적합하다.

턱이 뾰족한 사람은 예술 같은 고상한 것을 좋아하고 그 방면에서 성공할 때도 있다. 이런 상은 여성에게 많으며 남성으로서는 드문 상이다. 가사일이나 육아 같은 것을 좋아하지 않고 잘 하지도 못한다. 냉담한 성격이며 실생활에도 잘 어울리지 않는다. 남성으로서 이런 상의 사람은 샐러리맨을 그만두고 독립하려고 하면 실패한다.

턱이 네모진 사람은 이성의 강약에 따라 다르다

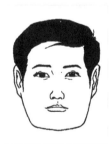

네모진 턱:
이성적이며 노력해서 성공한다.

살집이 엷고 네모진 턱은 남성에게서 많이 볼 수 있다. 이런 사람은 이성(理性)의 강약에 따라 다르다. 이성적인 사람의 경우는 곤란을 극복하고 신념을 관찰하는 남성다움이 넘친다. 한편 이성이 부족한 사람의 경우는 매사에 집착하고 고집이 세며 난폭하게 행동하므로 남에게 혐오감을 준다. 여성으로서 이런 사람은 부지런하지만 여성다움이 부족하다. 이성의 강약은 종합적으로 상을 보고 판단한다.

턱이 없는 사람은 자기 본위로 불운하다

턱이 없는 사람은 자포자기한 성격으로 정이 부족하다. 자신의 일밖에 생각하지 않으며 남에게 무엇을 선물 받아도 답례해야겠다고 생각하는 사람이 아니다. 약게 구는 사람으로서 남을 위해 수고하는 경우가 없다. 좋은 친구도 부하도 없으며 만년이 불운하다. 그러나 이런 상이라도 입술이 두터우면 얼마간 나쁜 면이 보완되지만 입술이 얇은 편이라면 냉혈한 사람이라고 보아도 무방하다.

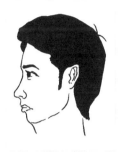

후퇴한 턱:
자기 본위이며 냉담하다.

턱이 우묵한 사람은 정열적이다

턱의 중앙이 우묵한 상은 떡 벌어진 체격을 한 사람에게서 많이 볼 수 있고, 가냘픈 체격이나 뾰족한 턱을 한 사람에게서는 볼 수 없다. 이런 사람은 매사에 쉽게 감격하는 편이며 항상 한 가지 목표를 향해 정열적으로 돌진한다. 예술가나 예능인에게서 흔히 볼 수 있는 상이다. 또 이런 사람은 비즈니스맨이 되어도 적절한 업무를 얻으면 유능한 인재가 되어 좋은 평가를 듣는다. 평생 동안 젊음의 싱싱함을 잃지 않는 사람이다.

우묵한 턱:
쉽게 감격하고 정열적이다.

턱이 움푹 팬 사람은 자신이 넘친다

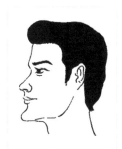

움푹 팬 턱:
제멋대로이며 자신
이 넘치는 사람이다.

초승달처럼 턱이 움푹 패여 있는 사람은 어느 정도의 지위에 오르게 되면 권력에 의해 남을 억누르려고 한다. 또 남을 냉소하면서 골려주거나 하는 면도 있다. 뜻하지 않은 적을 만들지만 자기편도 만들고 있는 사람이다. 본인은 능력도 있고 자신에 넘쳐서 행동하기 때문에 보통 수단으로는 이런 사람을 잘 휘어잡을 수가 없다.

이중턱의 사람은 밥걱정이 없다

살이 통통하고 턱이 두 겹으로 되어 있는 사람은 마음이 넓고 여유에 차 있으며 작은 일에 구애받지 않는다. 이런 사람은 금전운이 좋고 특별한 재산을 가지고 있지 않아도 생활에 여유가 있어 흡족한 나날을 보낸다. 또 이런 사람에게는 좋은 친구나 친지가 있어서 알게 모르게 지원해 준다. 두 겹 턱은 살이 찌지 않았어도 나타난다.

턱이 작은 사람은 만년이 나쁘다

턱이 작은 사람은 치기가 남아 있어 어른으로서의 자각이 부족하다. 주거가 불안정하고 사랑의 생활이 부족하며, 만년에는 외로움을 겪게 된다. 운이 좋아서 한때는 성공해도 만년에 실패하고 일체를 잃는 등 인생의 막바지에 이르면 불우하게 된다. 일찍부터 만년에 대비해야 한다.

턱이 울퉁불퉁한 사람은 고집쟁이다

턱이 울퉁불퉁해 있는 상의 사람은 부지런하고 노력파이지만 남과 협조하지 못한다. 이런 사람을 상사로 모시면 언제나 일에 완벽할 것을 요구하기 때문에 아무리 노력해도 칭찬을 받는 경우가 없다. 또 남성으로서 이런 사람은 아내와의 사이가 원만하지 않다. 중년 이후의 사람에게 나타나며 젊은 사람에게서는 거의 볼 수 없는 상이다.

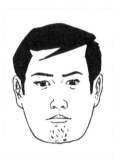

울퉁불퉁한 턱:
고집스러운 편이다.

턱이 긴 사람은 정에 약하다

턱이 긴 사람은 분별이 있으며 주변의 사정을 잘 고려해서 행동한다. 처자에 대한 애정도 깊고 좋은 남편, 좋은 아버지이다. 그러나 정에 약해 남의 일을 너무 지나치게 돌보는 경향이 있다. 곤란한 여성에게 동정하는 나머지 결혼해 버리는 수도 있지만 본인은 별로 후회하지 않는다. 특별히 좋은 운이라고는 할 수 없지만 평온하고 원만한 가정을 꾸미고 행복한

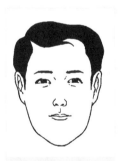

긴 턱:
인내심과 분별력이
뛰어나다.

인생을 보낸다.

뺨을 보면 상대를 알 수 있다

5

볼의 살과 광대뼈는 서로 상의 의미가 다르다

단순히 '뺨'이라고 하면 눈 아래에서 턱에 이르는 범위를 가리키지만 손가락으로 만져 보면 알 수 있듯이 뺨은 골격의 형태를 나타내는 부분과 살집의 상태를 나타내는 부분(볼)으로 구성되어 있다. 즉 광대뼈와 볼의 살을 말하는 것으로 각각 상의 의미가 달라진다.

광대뼈는 사회에서의 활동력이나 투쟁력을 가리킨다. 심성질의 사람은 광대뼈가 많이 발달해 있지 않으므로 고난으로부터 몸을 피하려고 한다. 영양질의 사람은 광대뼈를 살로 두텁게 싸고 있어서 사회에서의 투쟁을 부드럽게 받아들이는 것에 능숙하다. 근골질의 사람은 광대뼈가 가장 잘 발달해 있어서 투쟁적이다.

한편 볼의 상은 금전운, 자식운, 후배나 고용인의 운을 가리킨다. 볼의 살집이 풍부한 사람은 이러한 운이 좋고 볼의 살이 깎인 것처럼 엷어진 사람은 좋지 않다.

이상의 판단법만으로도 상대방의 특성을 알 수 있다.

풍부한 볼:
금전운이 좋고 인기를 끈다.

볼이 풍부한 사람은 금전운이 좋고 인기인이다

볼의 살이 풍부한 사람은 금전운이 좋은데다 대중에게 인기가 있다. 이런 상은 몸매가 뚱뚱하거나 가냘픈 것에 관계없이 나타난다. 예를 들어 볼이 풍부하면서도 알맞게 살이 찐 사람도 있다. 그 점을 주의할 필요가 있다. 노인이 되어도 볼의 살이 풍부한 사람은 멋진 만년을 보낸다. 성공하여 많은 사람의 신망을 얻을 수 있다.

여윈 볼:
꼼꼼한 편이지만 재미없는 사람이다.

볼이 빠진 사람은 인망이 없다

몸은 가냘프지 않아도 볼이 빠진 사람이 있다. 볼이 빠진 사람은 왠지 인망이 없다. 꼼꼼한 성격으로 부지런하지만 일밖에 모르기 때문에 재미없는 사람이다. 손님 접대나 인기 직업은 맞지 않고 학자, 참모 등으로 특성을 살릴 수 있다. 여성의 경우는 애정운이 좋지 않다.

광대뼈가 뻗쳐 있는 사람은 생활력이 강하다

광대뼈가 뻗쳐 있는 사람은 투쟁력이 있고 생활력
도 왕성하다. 이런 사람은 차별 당하는 경우에 처해도
강한 신념을 가지고 노력하고 또 노력해서 성공을 거
둔다. 그리고 광대뼈가 높게 튀어나와 있는 사람은 싸
움을 잘한다.

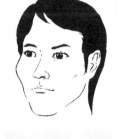

광대뼈가 나온
얼굴:
생활력이 강하다.

남성의 보조개는 흉상이다

남성으로서 보조개가 생기는 사람은 다소 남성다움
이 부족하고 나약한 면이 있으며, 미인을 좋아해서 초
혼은 미인을 아내로 맞지만 이내 파탄한다. 또 이런
사람은 달리 애인을 숨겨 둔다. 인기가 필요한 직업을
가지면 성공한다. 여성으로서 보조개가 생기는 사람은
일찍부터 인기를 끌지만 자유스러운 생활을 좋아해서
그다지 가정적은 아니다. 보조개는 남녀 다같이 썩 좋
은 상은 아니다.

제5장

목 · 어깨 · 가슴 · 등을 보고

사람을 아는 법

1__목을 보면 상대를 알 수 있다

2__어깨를 보면 상대를 알 수 있다

3__가슴과 유방을 보면 상대를 알 수 있다

4__등을 보면 상대를 알 수 있다

5__허리와 엉덩이를 보면 상대를 알 수 있다

6__손과 발을 보면 상대를 알 수 있다

7__점을 보면 상대를 알 수 있다

8__머리털과 수염을 보면 상대를 알 수 있다

목을 보면 상대를 알 수 있다

인간은 목부터 늙는다

인류는 직립보행(直立步行)을 할 수 있게 되고 나서부터 자유롭게 양손을 써서 불을 취급하고 도구를 만드는 등 문명의 기초를 쌓았다. 그러나 그 직립보행은 무거운 머리를 몸의 정점에 세우고 행동하는 것이기 때문에 다른 동물에 비해 머리를 받치는 목이나 어깨에 어느 정도 부담을 주게 되었다. 그리고 그 부담은 목, 어깨 근육이 뻐근하고 아픈 증세를 나타낸다. 또 허리는 상체 전부를 받치기 때문에 요통(腰痛)으로 고생을 하기도 하는데 이는 사람에게만 나타나는 병이다.

인간은 목으로부터 나이를 먹어간다. 목덜미가 마치 코끼리의 피부처럼 되어 있는 노인이 있는데 젊은 사람의 목은 피부가 반들반들 하지만 나이를 먹으면

이완하게 된다. 목의 상태는 그 사람의 노화도(老化度)를 한눈에 보여준다.

목이 굵고 팽팽한 사람은 호감을 준다

목이 굵지만 살이 찌지 않고 팽팽한 사람은 건강하며, 또 사람들에게 호감을 준다. 목에 한 줄이나 두 줄의 가로 주름살이나 있으면 더욱 좋다. 아폴로 신(神) 같은 목이 좋은 것이다.

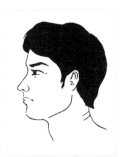

팽팽한 굵은 목:
건강하고 호감을 준다.

목이 야무진 데가 없이 굵은 사람은 게으르다

목이 굵고 살이 찐 사람은 게으르거나 무슨 병이 있는 것으로 볼 수 있다.

목이 길고 살집이 좋은 사람은 예술가 기질이다

목이 길고 살집이 좋은 사람은 매사에 있어서 분별력이 뛰어난 상식가이다. 예술이나 문학에 소질이 있고 센스가 좋다. 취미가 고상하고 견실한 사람이다.

목이 가늘고 빈약한 사람은 체력이 약하다

목이 가늘고 살집도 나쁜 사람은 체력이 약하고 센

스도 없다. 신경도 민감하며 자기 힘으로 세상을 싸워 나가는 기력이 부족한 사람이다.

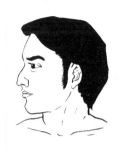

짧은 목:
체력이 좋은 지도자 형이다.

목이 짧은 사람은 터프한 리더형이다

목이 짧은 사람은 성욕이 세고 리더로서 대중을 지도할 능력을 갖추고 있다. 터프하고 강인한 면이 있는 소위 보스 형의 성격이다. 섬세한 일에는 적합하지 않다.

목이 가늘고 머리가 큰 사람은 신경질적인 타입이다

무거운 머리를 가냘픈 목으로 받치고 있는 사람은 콘크리트 집을 가느다란 통나무로 받치고 있는 것 같은 불균형으로 무리를 주고 있기 때문에 언제나 어깨가 쑤시고 불쾌한 기분이 오래 지속되며 노이로제 등이 되기 쉽다. 사람은 극단적으로 몸이 약해지면 목을 세울 수 없게 된다.

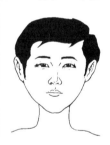

가는 목, 큰 머리:
신경쇠약이 되기 쉽다.

어깨를 보면 상대를 알 수 있다

어깨는 권력의 상징

어깨는 사람의 기분을 잘 나타내는 곳이다. 사람이 우울할 때는 어깨를 떨어뜨리고 앞으로 기울게 된다. 어깨를 으쓱하고 으스대는 모습은 권력을 자랑하는 것 같이 보인다. 사실 어깨는 권력과도 일맥상통하는 것으로 권력의 상징이라고 해도 과언이 아니다.

어깨가 넓은 여자는 남성적 요소가 많다

여성의 어깨는 대부분이 남성의 어깨보다 좁고 처진 경우가 많은데, 특별히 어깨가 넓은 여성은 마음도 명랑하고 건강하기 때문에 그다지 미인이 아니더라도 호감을 사게 되며 사랑을 받는다. 다만, 이런 사람은 남성적인 요소가 많기 때문인지 직업여성으로서 밖에 나가

일할 운이며 집에 틀어박혀 있지 않는 경향이 강하다.

어깨가 떡 벌어지고 올라간 여자

떡 벌어지고 올라간 어깨의 여성은 남자를 능가하는 강한 성격이며 외교적이다. 정치운동이나 사회활동 등 밖에 나가서 활동하는 것을 좋아한다. 그 점이 앞에서 말한 어깨가 넓은 여성과 약간 다르다.

어깨가 여윈 남성은 자식운이 나쁘다

어깨가 여윈 남성은 아무리 노력해도 입신출세를 할 수 없다. 게다가 자식운이 없어서 어쩌다 자식이 생겨도 함께 살 수 없는 외로움을 겪게 된다.

오른쪽 어깨가 높은 남성은 여성 때문에 고생한다

오른쪽 어깨가 높은 남성은 타산적인 여성에게 이용되어서 재산을 잃거나 할 염려가 있다. 또 상대하고 있는 여성의 정부로부터 위협을 받는 경우도 있다.

오른쪽 어깨가 너무 높은 남성은 불량하다

불량배가 허세를 부릴 때는 오른쪽 어깨를 으쓱하

고 으스댄다. 이상하게도 언제나 오른쪽 어깨를 으쓱 댄다.

어깨가 처진 남성은 여성적이다

여윈 어깨와 약간 흡사한 상에 처진 어깨가 있다. 처진 어깨의 남성은 여성적이다.

어깨가 넓고 풍부한 사람은 섹스에 강하다

넓고 살집이 두꺼우며 풍부한 어깨를 가진 사람은 건강하고 섹스에도 강하며 일을 하는 데에도 터프하기 때문에 성공하는 경우가 많다. 그러나 키에 비해서 너무 넓거나 너무 두터워도 못쓰며 근육이 팽팽하고 단단한 어깨여야 한다.

어깨가 오므라진 사람은 몸도 운도 나쁘다

어깨가 좁고 살집이 엷은 사람은 앞에서 말한 풍부한 어깨의 사람과 반대라고 생각하면 된다. 이와 같은 사람은 무엇을 해도 성공하기 어렵다.

가슴과 유방을 보면 상대를 알 수 있다

가슴의 모양

① 넓은 가슴

몸이 강건하고 고난을 이겨내는 활력을 가진 사람이다. 남의 부탁을 받으면 "알았어, 해보지." 하고 가슴을 툭 치며 말할 수 있는 사람이다.

② 좁은 가슴

소심하고 신중한 사람임을 가리킨다. 육체노동이나 인간관계가 복잡한 직장에는 적합하지 않다. 큰 시도도 해보지 않으며 실패도 하지 않는 생활을 택한다.

③ 쇄골이 눈에 띄지 않는 가슴

쇄골이 살집에 싸여서 눈에 띄지 않는 사람은 운이 강하고 곤란을 타파해 나가는 저력이 있다.

④ 쇄골이 눈에 띄는 가슴

체력이 허약하거나 체격이 썩 좋지 않고 매사에 소극적인 사람이다. 병을 앓아 여위고 쇄골이 눈에 띄게 되면 환자는 갑자기 마음이 약해지는 법이다.

⑤ 구흉(鳩胸)

비둘기처럼 부풀어 오른 가슴이다. 구흉의 여성은 섹스에 대한 관심이 깊다.

유방의 모양과 색깔을 보면 상대를 알 수 있다

① 풍만한 유방

금전운도 나쁘지 않고 손님을 접대하는 장사에 적합할 뿐만 아니라 남성의 호감을 사는 운도 있다. 이런 사람은 건강하다. 성애(性愛)도 풍부하며 행복한 인생을 산다.

② 명형(皿型)의 유방

몸이 약할 가능성이 높으며, 남성에 대한 관심이 적고 성관계도 담백하다. 이런 여성을 아내로 맞았을 경우 남편으로서는 재미가 없고 다른 여성에게 정을 주기 쉽다.

③ 포탄형(砲彈型)의 유방

섹스의 기능이 잘 발달하고 성의 즐거움을 알며 동시에 아기를 잘 낳을 수 있는 체질이다.

④ 유두와 유두 사이가 넓은 상

생활의 고통을 잘 견디고 노력하는 성격이다. 여성은 가정을 위하는 사람이며 남성은 일가를 일으키는 사람이다.

⑤ 유두와 유두 사이가 좁은 상

매우 소극적이라 큰일에는 적합하지 않다. 샐러리맨으로서 꾸준히 노력하는 것이 좋다.

⑥ 분홍색의 유방

남자 운이 좋은데다 좋은 생활을 보낼 수 있는 상이다.

⑦ 미산부(米産婦)인데도 유륜(乳輪)의 빛이 더러운 상

교양이 없고 둔감하며 좋은 인연을 만나지 못한다.

등을 보면 상대를 알 수 있다

등은 그 사람의 마음을 반영한다

사람은 다른 부위는 얼마든지 꾸미고 치장할 수 있어도 등에는 다른 치장을 할 수 없다. 따라서 등에는 그 사람의 마음이나 인생이 고스란히 드러난다.

등이 단단하고 풍부한 사람은 강건하다

등줄기가 곧게 뻗어 있고 등이 풍부한 느낌을 주는 사람은 기력과 체력이 다 뛰어나며 세파를 극복할 수 있는 사람이다. 그리고 등의 중앙이 세로로 움푹 패여 있는 사람은 훌륭한 생활을 유지하고 성공할 수 있다.

판자 위에서 자면 등의 상이 좋아진다

156

판자 위에서 자면 기분 좋게 잘 수 있고 피곤이 잘 풀릴 뿐만 아니라 등의 상도 좋아진다. 딱딱한 깔개 위에서 자면 지압(指壓)을 받는 것과 마찬가지의 효과를 볼 수 있다. 부드러운 매트리스는 조로조사(早老早死)의 원인이 된다.

등이 굽은 사람은 남 밑에서 일생을 마친다

젊은데도 고양이처럼 등이 굽어 있는 사람은 남에게 부림을 받는 일생을 보낸다. 고양이처럼 등이 굽은 사람은 운이 뻗지 않는다.

등이 여위어 있는 사람은 고독하게 산다

등이 여위어 있고 견갑골이 셔츠 위로도 알 수 있을 정도의 사람은 일생이 고독해서 애인도 없고 생활고에 고통을 받게 된다. 한편 등의 살집은 좋아도 가슴이 여윈 사람은 만년이 불행하다.

등뼈의 일부가 돌출해 있는 사람은 병이 있다

척추는 목뼈 7개, 등뼈 12개, 허리뼈 5개(엉덩이뼈와 꼬리뼈는 제외)로 이루어져 있다. 옷을 벗고 볼 때 척추를 구성하는 뼈 중 하나가 삐져나와 있다면 내장에 무슨 안 좋은 증상이 생긴 경우이니 주의하는 것이 좋다.

허리와 엉덩이를 보면 상대를 알 수 있다

허리의 살이 엷은 사람은 망설임이 많다

허리에서 엉덩이에 걸친 살이 엷은 사람은 좀처럼
마음이 일정하지 않고 망설임이 많다. 초년, 중년이 나
쁘고 가정을 갖는 것이나 자식을 두는 것도 보통 사람
보다 늦어진다.

가는 허리의 여성은 화류계에 어울린다

가는 허리의 여성은 정욕이 짙을 가능성이 있다. 주
부에게는 어울리지 않지만 옷맵시는 곱다.

허리의 살이 두터운 사람은 생활이 안정적이다

허리나 엉덩이는 마음의 차분한 정도나 생활의 안

정도, 일에 맞붙는 자세 같은 것을 나타낸다. 허리에서 엉덩이에 걸쳐 살이 두텁게 붙어 있는 사람은 인생에 희망이 있고 금전운이 좋으며, 일찍부터 생활이 안정된다. 몸도 튼튼하고 자손이 번영하는 경우가 많다.

엉덩이가 큰 여성은 성적으로 좋지 않다

엉덩이가 보기 싫을 정도로 큰 여성은 자칫하면 질이 나쁜 남성과 불륜의 사랑에 빠지기 쉽다. 또 보통 사람의 두 배나 되는 것 같은 특별히 큰 엉덩이를 하고 있는 여성은 성기(性器)의 발육이 제대로 되어 있지 않다. 그러나 그것은 너무 살이 쪄서 성기가 체내로 함몰해 버려 보통의 여성과 다른 것같이 보이는 것에 불과한 것이지 비정상은 아니다. 그리고 엉덩이가 큰 남성은 여성적이고 결단력이 부족하다.

엉덩이가 삐쳐나온 사람은 남의 위에 서지 못한다

남아프리카의 호텐토트 인종처럼 엉덩이가 돌출한 사람은 남의 위에 서지 못하고 남의 부림을 받아 일생을 마치는 운명이다.

엉덩이의 살집이 적당한 사람은 성감이 풍부하다

엉덩이의 모양이 좋은 살집을 하고 있으며 너무 크지도 작지도 않은 사람은 남녀 다같이 건강하고, 성감도 풍부하며 자손이 번영한다.

손과 발을 보면 상대를 알 수 있다

손은 밖에 나타난 뇌이다

손을 보고 상대방을 판단하는 방법은 일반적으로 말해서 '수상학(手相學)'의 영역에 포함된다. 그러나 여기서는 손바닥에 나타나 있는 선이 아니라 손의 모양 그 자체를 보고 판단하는 방법을 소개한다.

손은 '밖에 나타난 뇌수(腦髓)'라고 할 수 있다. 인류는 자동차를 만들고 빌딩을 건축했으며, 끝내는 우주 여행을 가능하게 하는 우주선을 쏘아 올렸다. 이러한 문명의 산물은 인간이 뇌로 생각한 상(이미지나 아이디어)을 모두 손을 써서 구체화시킨 것이다. 손을 통하지 않고 가능한 일은 거의 없다고 봐도 무방할 것이다. 뇌와의 관계가 그와 같이 되어 있는 만큼 손에는 그 사람의 현명함, 어리석음, 재능의 유무, 정신의 높고 낮음, 감정의 강약, 그리고 생장(生長)이나 장래까지도

나타나 있다. 수상학에서는 주로 손바닥을 보지만 손
등 쪽에서 보고 판단하는 방법도 있으니 다양하게 살
펴보도록 하자.

손의 크고 작음

A와 B, 두 사람의 손을 비교했을 때 A씨의 손이 크
다고 해서 반드시 그의 손이 크다고 말할 수는 없다.
손의 크기를 가늠할 때는 체격과 비교해서 전체적으
로 판단해야 한다. 두 사람을 놓고 보았을 때 A씨의
손이 미세한 차이로 크게 보인다고 해도 B씨의 체격
이 훨씬 작다면 결코 A씨의 손이 큰 것이 아니다. 오
히려 B씨의 손이 크다고 보아야 한다. 이와 같이 손의
대소는 그 사람의 체격과 비교해서 정해진다.

손이 큰 사람은 꼼꼼하다

손이 큰 사람은 손재간이 있다. 모든 일을 세심하게
처리하는 편이며, 일을 하는데도 꼼꼼하고 생각이 깊
다. 큰 것에는 함부로 손을 대지 않고 자신의 페이스
로 꾸준히 일을 지속하는 타입이다.

손이 작은 사람은 큰 것을 좋아한다

손이 작은 사람은 의외로 큰 것을 좋아한다. 자질구레한 일에도 별로 흥미를 보이지 않고 대범한 일을 좋아한다. 그리고 손을 내밀 때에 크게 벌려서 내미는 사람은 적극적이고 행동적이며, 오므리고 내미는 사람은 소심하고 내성적인 사람이다.

손의 살이 두텁고 탄력 있는 사람은 노력가이다

손의 살이 두텁고 손바닥이 고무공 같은 탄력에 차 있는 사람은 터프한 노력가로 역경에도 쓰러지지 않고 인생을 싸워 이긴다. 몸도 튼튼하고 애정도 풍부한 사람이다.

손이 두텁지만 탄력 없는 사람은 성공하기 어렵다

손의 살이 두터워도 탄력이 없는 사람은 노력이 부족하고 계획성이 없으며, 인내심도 없기 때문에 일시적으로는 성공해도 오래 지속되지 않는다. 호인으로서 남에게 속기 쉬운 사람이다. 이성관계도 주의할 필요가 있다.

손의 살이 엷은 사람은 행동력이 부족하다

손의 살이 엷은데다 부드러움이 없는 사람은 행동

력이 약하므로 큰일은 할 수 없다. 다른 사람 위에 서
려고 하지 말고 단체의 일원이 되는 편이 좋다. 지혜
는 있으니 그것을 살려야 한다.

첨두형(尖頭型) 손인 사람은 섬세한 성격이다

손가락이 앞으로 갈수록 가늘어지는 시원스러운 손
이다. 첨두형 손의 사람은 직감력이 뛰어나고 상상력
도 풍부하지만 마음이 항상 흔들리고 섬세하고 예민
하기 때문에 사회에 잘 순응하지 못하는 면이 있다.
시간관념이 희박하고 규칙적으로 정해진 생활을 싫어
하기 때문에 직장생활에 맞지 않는다. 또 이런 사람은
색채에 센스가 있으며 영감력(靈感力)에 뛰어난 사람도
가끔 있다.

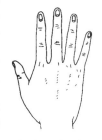

첨두형의 손:
섬세하고 직감력이
뛰어나다.

원추형(圓錐型) 손인 사람은 사교에 능하다

손끝이 가늘지만 손가락 전체에 둥글음이 있는 손
이다. 이런 사람은 사교에 능하고 집회 같은 데서 인
기가 있다. 동정심이 있으며 친구나 친지를 위해 아낌
없이 금품으로 원조하는 사람도 있다. 여성으로서 이
런 사람은 가계부를 적으려 하지 않고, 경리나 회계
일을 싫어한다. 남녀 다같이 규칙을 싫어하고 자유스
러운 생활을 하고 싶어 한다.

원추형의 손:
자유분방한 생활을
좋아한다.

사고형(思考型) 손인 사람은 성미가 까다롭다

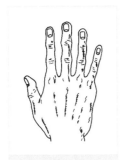

사고형의 손:
까다롭지만 진실한
성격이다.

사고형이란 뼈가 많이 나타나 보이고 손가락의 관절이 굵어 딱딱한 느낌을 주는 손이다. 이런 사람은 학자나 연구자에게 어울린다. 고고(孤高)한 것을 좋아하고 색다른 생각이나 행동을 보이는 등 남과 다른 데가 있다. 남의 복장 등에 신경을 쓰고 남의 어깨에 빠진 머리털이나 비듬을 보면 신경을 곤두세운다. 사물을 이론적으로 생각하는 동시에 까다로운 성격의 사람이다.

글러브형 손인 사람은 여성적이다

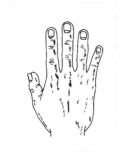

글러브형의 손:
실무처리를 잘하는
실력파이다.

전체에 네모진 느낌을 주는 손이다. 이런 사람은 방침이나 행동을 이론적으로 결정한다. 실행력이 따른 노력가로 직장에서는 실무의 천재가 될 수 있다. 다만, 상상력이 부족하고 정서도 없기 때문에 재미가 적다. 꾸준히 자기 인생을 개척해 가는 사람이며 처세는 견실하고 불안하지 않다. 금전운도 좋은 사람이다.

주걱형의 손은 강렬한 행동력을 상징한다

손끝이 주걱모양을 닮았기 때문에 주걱형 손이라 부른다. 이런 사람은 생각하는 것보다는 '우선 해보자'

는 식으로 행동이 앞선다. 행동력이 뛰어나서 성공을 가져다주는 요인이 된다. 반면, 독단으로 일을 정해서 상사의 미움을 사기도 한다. 그리고 주걱형이라도 손바닥이 부드러운 사람은 소견이 짧기 때문에 성공을 바랄 수 없다.

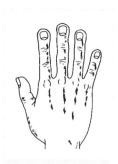

주걱형의 손:
맹렬한 활동가이다.

소박형(素朴型)의 손인 사람은 야성적이다

손가락이 울퉁불퉁하고 짧으며 딱딱한 느낌을 주는 손이다. 대체로 이런 사람들은 취미가 없다. 인품은 단순, 소박하고 오히려 시골 사람처럼 야성적인 면이 있으며, 금전에 집착한다. 반성이나 고뇌, 사색 같은 것과는 거리가 멀다. 직업은 사무직보다는 현장에서 할 수 있는 일을 선택하는 것이 좋으며 세일즈맨이나 샐러리맨으로서는 적합하지 않다.

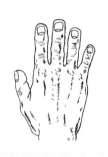

소박형의 손:
야성적이다.

혼성형 손인 사람은 다재다능하다

예를 들어, '중지나 약지가 주걱형, 인지와 소지(小指)가 원추형……'으로 갖가지 타입의 손가락이 뒤섞여 있는 손이다. 이런 사람은 한마디로 말해서 다재다능하다. 개중에는 각 방면에 걸쳐 재능을 자유자재로 살려서 크게 성공하는 사람도 있지만 단순히 재주꾼으로 마치는 사람도 있는 복잡한 타입이다.

다리의 모양

① 다리가 긴 사람

겉보기가 좋을 뿐만 아니라 남이 호감을 가지며 언제까지나 신선한 사람이다. 중년이 되어서도 이성에게 호감을 주는 경향이 있다.

② 다리가 짧은 사람

성의를 가지고 일에 임하지만 남에게 어필하지 못한다. 꾸준한 성격의 사람이 많다.

③ 발목이 굵은 무 모양의 발

이해력이 없는 사람이 많고 스타일이나 용모도 썩 좋지 않다.

④ 상체에 비해 발이 빈약한 사람

사교성이 없고 재미없는 사람일 경우가 많다. 사물을 단순하게 생각하는 사람이다.

⑤ 넓적다리의 살이 여위어 있는 여성

성적 매력이 없기 때문에 좀처럼 연인이 생기지 않는다.

⑥ 넓적다리에 살이 쪄 있는 사람

피로하기 쉽고 지능도 썩 높지 않다.

⑦ 넓적다리에 살이 피둥피둥하게 붙어있는 여성

섹시하고 다산(多産)의 경향이 있다. 그리고 넓적다리의 살집이 엷을 때는 애인이 싫증을 내고, 풍부할 때는 애정이 깊어진다.

점을 보면 상대를 알 수 있다

점은 인생에 영향을 주는 것인가

의학계에서는 "점은 멜라닌 색소의 집합일 뿐이다. 점이 어디에 생기건 우연의 결과일 뿐이며 인생에 아무런 영향을 미치지 않는다."고 말한다.

그러나 인상학에서 점은 중요한 의미를 지니고 있는 것으로 간주한다. 물론 점이 신체의 어디에 발생하느냐 하는 것은 우연일 것이다. 또한 우연이라고 말해버리면 그만일 것이다. 과학이 진보한 오늘날에는 인간이 태어난 것을 이제 우연이라고만 단정할 수는 없지만 인간을 개별화(個別化)하는 유전자(遺傳子)의 조합은 역시 우연성에 맡겨져 있는 것이다. 그리고 점의 발생도 똑같은 우연성 위에 있음을 생각하면 "왜 그곳에 점이 생겼느냐."고 하는 물음에도 "천명(天命)에 의한다."고 대답할 수밖에 없는 것이다.

그러나 그 우연성의 배후에 숨겨져 있는 이른바 '천명의 필연성'에 동양의 인상학 연구자들은 일찍부터 관심을 갖고 연구를 계속해 왔다. 점만을 취급해도 넉넉히 한 권의 책을 엮을 정도이다. 그 연구의 성과가 믿을 만한 가치가 있느냐의 여부는 점에 의한 판단이 적중하느냐의 여부에 달려 있을 것이다. 그리고 지금까지의 통계로 보아 점은 역시 인생에 어떤 영향을 주고 있음이 분명하다.

살아 있는 점과 죽어 있는 점을 구별하라

점에는 '살아 있는 점'과 '죽어 있는 점'의 두 종류가 있다. 살아있는 점은 피부 위에 1.5mm정도에서 4.5mm정도까지의 크기로 나타나 있으며 색과 광택이 좋은 것이다. 개중에는 털이 한두 개 나 있는 것도 있다. 살아있는 점은 그 부분의 인상에 타나난 좋은 의미를 더욱 강화하는 작용을 한다. 다만 여성의 얼굴의 경우 이마에서부터 턱에 걸친 중앙부에 있는 살아 있는 점은 나쁜 운이 되는 것도 있으므로 주의를 요한다. 살아있는 점이라고 해서 모두 좋은 것은 아니다.

한편 죽은 점이란 일종의 얼룩 같은 것이다. 색깔이 없고 광택도 없다. 죽은 점은 그 부분의 인상을 나쁘게 하는 것으로 없는 편이 더 낫다.

이마 위쪽 중앙의 점은 인내심을 나타낸다

이마를 3등분하여 맨 윗부분의 중앙부에 점이 있는
사람은 남자라면 좋은 운이지만 여성은 남편운이 나
쁜 것을 뜻한다. 이런 사람은 어릴 적부터 고난이 많
기 때문에 참을성이 강한 사람으로 자라며 사소한 일
로는 좌절하지 않는다. 반면, 반골정신(反骨精神)도 있어
서 윗사람에게 반발할 가능성이 높다. 그러나 노력해
서 성공하는 타입의 사람이다. 여성은 아집이 세고 남
편과는 사이가 원만하지 않다.

**이마 윗부분
중앙의 점:**
반골형이지만 노력
에 의해 성공한다.

이마 중앙부의 점은 파란이 많은 상이다

이마 중앙부에 있는 점은 남성에게 있어서는 길(吉),
여성에게 있어서는 흉(凶)이다. 이런 점은 개성의 강함
을 가리켜서 자칫하면 파란이 많은 상이지만 남성의
경우는 윗사람의 원조를 받으면서 곤란을 극복하고
성공한다. 따라서 항상 윗사람과 접하고 그 사람을 위
해 도움이 되도록 힘쓰는 것이 좋다. 여성의 경우는
강한 개성 때문에 부딪힘이 많고 고생한다.

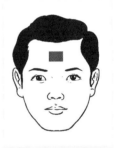

이마 중앙의 점:
윗사람의 도움으로
운이 열린다.

미간에 점이 있으면 대성공 아니면 대실패를 한다

미간(眉間)에 점이 있는 남성은 큰 성공을 거두거나
반대로 큰 실패를 한다. 극단적인 운명에 놓여 있다.

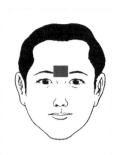

이런 상으로서 미간이 넓은 사람은 성공형인 반면 게으른 성격 때문에 때로는 크게 실패한다. 한편 미간이 좁은 사람은 너무 섬세해서 성공하기 어렵다. 여성의 경우는 집안에 들어앉아 있지 못하고 직업여성으로서 밖에 나가 일한다.

두 눈 사이에 점이 있으면 성공률은 반반이다

두 눈 사이에 점이 있는 남성은 그대로 큰 성공을 하느냐 큰 불운을 초래하느냐 둘 중 하나이다. 또 이런 상의 사람은 남의 보증인이 되어 큰 손해를 입거나 집안사람이 실패한 뒤치다꺼리를 하게 되거나 해서 남이나 집안사람 때문에 피해를 본다. 여성의 경우는 좀처럼 결혼하지 못하며 결혼해도 남편운이 좋지 않으므로 직업을 갖는 편이 낫다.

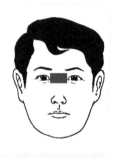

콧마루의 점은 강한 개성을 나타낸다

콧마루에 점이 있는 사람은 어느 정도 개성이 강하다. 일 때문이라면 감정이 없는 메마른 사람으로서 냉정하고 해고(解雇)를 선언하거나 태연히 강등조치를 단행하는 식의 일면이 있다. 본인은 분명하게 행동하고 있다고 생각하기 때문에 남의 원망을 사는 것을 깨닫지 못한다. 중년에는 사고나 질환에 주의할 필요가 있다. 여성으로서 이런 사람은 병에 걸리기 쉽다.

코끝에 점이 있으면 일시적으로 성공한다

코끝에 점이 있는 남성은 일시적으로 성공하고 금
전에 구애받지 않지만 그 성공은 오래 지속되지 않는
다. 여성의 경우는 금전운이 있지만 남편과의 운이 썩
좋지 못하므로 확실한 직업을 갖거나 비상금을 두둑
이 갖고 있는 것이 좋다. 또 남녀 다같이 성에 관심이
높다.

코끝에 있는 점:
윗사람의 도움으로
운이 열린다.

콧방울에 점이 있으면 돈이 붙어 있지 않는다

콧방울에 점이 있는 사람은 금전의 출입이 심하고
돈이 붙어 있지 않는다. 또 남의 말을 잘 믿어 쉽게 넘
어가는 귀가 엷은 성격이다. 왼쪽 콧방울에 점이 있는
남성, 오른쪽 콧방울에 점이 있는 여성은 저축을 해도
바로 소비해 버린다. 그 반대쪽의 콧방울에 점이 있는
남성과 여성은 낭비벽이 심한 사람이다. 어떻든 이런
사람은 점이 없는 남편이나 아내에게 재산을 관리하
도록 맡기는 편이 좋다.

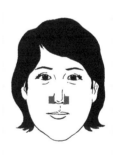

콧방울에 있는 점:
돈이 남아나지 않는
다.

코의 바로 밑에 점이 있으면 자식복이 있다

코의 바로 밑에 점이 있는 사람은 자식운이 좋다. 좋은 소질로 타고난 자식 덕에 행복해질 수 있거나 훌륭한 양자를 두기도 한다. 다만 자식운이 좋은 것은 점이 코밑 패어진 부분에 있을 경우에 한하며, 패어진 곳에서 벗어 나와 있는 점은 여기에 해당되지 않는다.

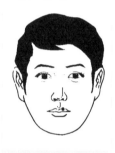

입술에 있는 점:
먹고 사는 데 걱정이
없다.

입술에 점이 있는 사람은 먹고 살 걱정을 안 한다

입술에 있는 점은 직업이나 음식과 인연이 깊음을 가리키고 그 방면의 운이 강한 상이다. 이런 사람에게는 식량난의 시대라도 음식 걱정을 하지 않고, 취업난이 심각할 때도 취직에 아무런 걱정이 없다. 여성으로서 이런 사람은 남성운이 좋지만 색정에 휩쓸려 나쁜 남자에게 유혹되는 경우도 있다. 그리고 입술에 점이 있는 사람은 말재주가 비상하다.

턱 중앙에 있는 점:
만년이 좋다.

턱 중앙에 점이 있으면 만년에 운이 좋다

턱의 중앙에 점이 있는 사람은 만년이 좋다. 턱은 하정(下停)이라고 해서 만년을 보는 부분이므로 여기에 있는 점은 만년을 좋게 한다. 다만 턱에 흉터나 얼룩이 있을 경우는 오히려 만년을 나쁘게 하니 주의해야 한다. 점의 위치는 턱의 중앙 하부에 있어야지 옆쪽에 벗어나 있을 경우는 여기에 않는다.

눈썹 중앙 위쪽에 점이 있으면 교제에 뛰어나다

눈썹 중앙의 바로 위에 점이 있는 사람은 천재적으로 교제에 능숙하다. 친구와 지인이 많고 곤란할 때는 그 중의 누군가에 의해 도움을 받기도 한다. 세상에는 별로 뛰어난 재능이나 특기도 없으면서 어느 사이에 성공하는 사람이 있는데 이런 사람도 그런 예에 해당한다. 좋은 친구나 의지가 되는 친지를 많이 가지고 있는 것도 처세의 특기라고 할 만하다.

눈썹 중앙 위쪽으로 있는 점:
교제에 능하고 성공한다.

눈썹 속에 점이 있으면 학문과 예술 부문에서 성공한다

눈썹 속에 점이 있는 사람은 학문이나 예술의 분야에서 성공을 거둔다.

눈썹 속, 눈썹 꼬리에 있는 점:
눈썹 속은 학문과 예술운, 눈썹 꼬리는 금전운을 가리킨다.

눈썹 꼬리 위에 점이 있는 사람은 경제적 고통이 없다

눈썹 꼬리 위에 점이 있는 사람은 금전운이 좋으며 젊어서 한 재산을 이룰 수 있다. 언제나 경기가 좋고 경제적인 고생을 모르는 사람이다.

눈과 눈썹 사이에 점이 있으면 벼락출세한다

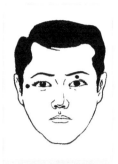

눈과 눈썹 사이에 점이 있는 사람은 주변의 저명한 사람이나 실력자에게 인정을 받고 그 사람의 지원을 받아 어느 날 갑자기 비약적인 출세를 성취하게 된다. 또 직접 소규모의 회사를 운영하고 있는 사람이라면 단번에 중견급의 기업으로 발전하게 되는 운세를 갖고 있다. 어려움이 있더라도 실망하지 말고 열심히 노력하면 된다.

눈과 눈썹 사이,
눈초리에 있는 점:
남에 의해 운이 트인
다.

눈초리에 점이 있는 사람은 이성의 덕을 본다

눈초리에 있는 점은 남편 또는 아내의 원조, 혹은 단순히 이성의 원조에 의해 성공할 가능성이 높다. 눈과 눈썹 사이에 있는 점과 마찬가지로 남의 힘을 빌려 행운을 잡는 상이다.

아래 눈꺼풀에 점이 있으면 정이 많다

아래 눈꺼풀에 있는 점은 매우 정이 많다는 것을 가리킨다. 이런 사람은 남녀 다같이 색을 즐기기도 하지만 그 때문에 괴로움도 겪는다. 여성의 경우는 그로인해 자칫하면 인생을 그르치게 될 가능성이 높다. 이성으로부터 사랑을 받는 것은 좋지만 깊이 빠지지 않도록 주의하고 항상 경계해야 인생을 망치지 않게 된다.

아래 눈꺼풀에
있는 점:
색욕으로 실패한다.

발바닥의 점은 암에 걸리기 쉽다

다시 한 번 말해 두거니와, 위에서 설명한 점은 모두 '살아 있는 점'을 말한다. 또 여기서는 얼굴의 점만 취급하고 기타의 곳에 있는 점에 대한 것은 다루지 않는다. 그것은 사람 보는 법으로서는 이상의 지식만으로도 충분하다고 생각되기 때문이다. 그리고 점의 판단과는 직접 관계가 없지만 발바닥에 점이 있는 사람은 종종 암에 걸리기 쉬우니 그런 사람은 의사와 상담해서 수술로 제거하는 것이 좋다. 또 그밖에 점이라도 갑자기 커지기 시작한 것은 암의 염려가 있으니 방심해서는 안 된다.

눈 아래쪽 중앙에 점이 있는 사람과 결혼하면 뛰어난 자식을 낳는다

정면으로 보았을 때 눈의 검은자위 바로 밑에 해당하는 위치에 점이 있는 사람은 자식운이 좋다. 점이 없는 사람이라도 이런 사람과 결혼하면 뛰어난 자식을 낳을 수 있다.

눈 밑, 콧마루 측면에 있는 점: 자식과 금전운이 좋다,

콧마루 측면에 점이 있는 사람은 수입이 좋다

콧마루의 측면에 점이 있는 사람은 금전운이 좋다. 주변에 이런 사람이 있다면 틀림없이 그 사람은 수입

이 많을 것이다.

법령 위에 있는
점:
중년에 성공, 재산을
축적한다.

법령 위의 점은 중년에 재산을 모은다

법령 위에 점이 있는 사람은 중년에 재산을 이룬다. 청년기를 불우한 가운데 보낼지라도 목표를 똑바로 세우고 노력하면 반드시 보답을 받는다.

윗입술 상부의 점은 풍족한 생활을 가리킨다

코와 입술 사이(수염이 나는 부분)에 점이 있는 사람은 생활에 여유가 있다. 이런 사람은 여유 있는 생활을 누릴 수 있다. 또 여성으로서 이런 사람은 윗사람이 되어 많은 수하를 부리게 된다.

윗입술 상부,
턱에 있는 점:
생활 걱정이 없다.

턱에 점이 있는 사람은 좋은 저택에서 산다

턱에 점이 있는 사람은 주택운이 좋고 주거에 곤란을 겪지 않는다. 중년에는 큰 집에 살게 되고 금전운도 좋다. 그리고 예능에 뜻을 둔다면 크게 성공한다.

턱의 좌우 끝의 점은 리더형

턱의 왼쪽 또는 오른쪽의 끝 가까이에 점이 있는 사

람은 부하, 후배, 제자, 자식, 손자 등의 아랫사람이 따르고 대접을 받으면서 바람직한 인생을 보낼 수 있는 사람이다. 이것은 일종의 리더형이라고 할 수 있다. 그리고 지금까지 설명한 것에서 알 수 있듯이 입 주변에 있는 점은 모두 생활이 좋음을 가리킨다.

목덜미에 점이 있으면 일용품 걱정이 없다

목덜미에 점이 있으면 일용품에 부족을 느끼지 않는다. 그러나 오늘날처럼 물자가 풍족한 시대에는 그다지 좋은 점을 느끼지 못할 것이다.

귀에 점이 있는 사람은 지혜가 있다

귀에 점이 있는 사람은 만만치 않은 지혜가 있음을 가리킨다. 썩 지성적이라고 할 수 없는 얼굴 생김새의 사람도 이런 상의 사람은 머리가 우수하다.

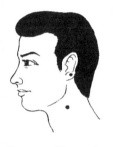

목덜미,
귀에 있는 점:
좋은 상이다.

머리털과 수염을 보면 상대를 알 수 있다

머리털에는 세 가지 타입이 있다

사람의 체형을 셋으로 구분한 것처럼 머리털도 또한 심성질, 영양질, 근골질의 세 종류로 분류할 수 있다. 세 타입의 머리털의 특징은 다음과 같은데 성격은 체형의 세 종류에 준하고 있다.

① 심성질의 머리털
가늘고 부드러우며 빽빽하다.

② 영양질의 머리털
굵고 부드러우며 색깔이 엷다.

③ 근골질의 머리털
굵고 단단하며 색깔이 짙다.

머리털의 색깔

① 검은 머리

정열적이며 정력적이다. 정열적인 민족으로 알려진 스페인 사람이나 집시 중에는 검은 머리털의 사람이 많다.

② 붉은 머리

정열적이기는 하지만 쉽게 뜨거워지고 쉽게 식는다.

③ 회색 머리

그다지 강건한 체질은 아니다. 백인에게 많다.

④ 흰 머리

노인에게서 볼 수 있다. 젊은 사람의 흰 머리는 체질적인 것이 많지만 정신적인 큰 고민을 체험하면 하룻밤 사이에 백발이 되는 수도 있다.

⑤ 노인으로서 유별나게 검은 머리

생활에 고뇌가 있다고 본다.

머리털의 질

① 단단한 머리털

몸이 건강하거나 강인하고 행동력이 있다.

② 부드러운 머리털

정서가 풍부하고 섬세하지만 몸이 강건하지는 않다.

③ 곱슬머리

섹스에 강하고 활력이 넘친다. 곱슬머리는 흑인에게 많다.

④ 광택이 나는 머리털

건강한 편으로 운이 세다.

⑤ 광택이 없는 머리털

건강하지 못하다. 쇠운(衰運)을 가리킨다.

⑥ 가마가 머리의 중앙에 있는 머리털

순조로이 운이 열린다.

⑦ 가마가 한쪽으로 치우친 머리털

태어난 환경이 좋지 않다고 본다.

⑧ 가마가 두 개 있는 머리털

성격이 색다르거나 대단히 허약한 체질이다.

수염과 색깔

① 푸른빛을 띤 검은 수염

수염이 검고 가느다라며 털이 빽빽이 있는 사람은 활력이 있으며 몸도 건강하다. 이런 사람은 노력에 따라 성공을 거둘 수 있다.

② 붉은 수염

운은 하강세이며 소망을 달성하기 어렵다. 체력도 약해지고 있는 것으로 볼 수 있다. 병이 없는데도 만약 검은 수염이 붉어지기 시작하면 주의해야 한다.

③ 검은 수염

푸른기를 띤 검은 수염과는 달리, 옻칠 같은 검은 수염이 나 있는 사람은 운이 썩 좋지 않고 파란이 많다. 아내와의 인연도 나빠지기 시작한다.

④ 끝이 굽어 있는 수염

현재의 일이 순조로이 진행되지 않고 있음을 가리킨다. 많은 곤란에 에워싸인 상황 속에 있음을 암시한다.

성긴 수염을 기르는 사람은 태평스럽고 멋이 없다

성긴 수염을 기르는 사람은 태평스럽고 멋이 없다. 무슨 일에도 느긋하게 굴고 참으며 몸차림에 개의치 않는 사람인 경우가 많다. 그러나 이와 같은 수염을 기르고도 태연할 수 있다는 것은 어느 정도 뱃심 좋은 신경을 가진 사람이라고 판단할 수 있다. 또 표면적으로 태평스러운 것같이 보이지만 어느 정도 방심할 수 없는 면도 있다.

성긴 수염:
성질이 느리고 신중하지 않은 사람이다.

책모가가 즐겨 기르는 기인형 수염

기인형(奇人型)의 수염은 1800년대에 유럽에서 유행했다. 지금도 의사, 학자, 교수 같은 사람에게서 때때로 볼 수 있는 수염이다. 이런 사람은 책모형의 지식인에게 많으며 고집이 센 편이다.

콜먼 수염은 플레이보이형

무성영화 후기인 1923년부터 제2차 세계대전 후까지 영화배우로 활약한 로널드 콜먼의 이름에서 따온

콜먼 수염:
바람둥이 기질이 있다.

콜먼수염은 당시 남성들 사이에서 굉장한 인기를 얻었다. 보통 잘생긴 미남형들이 많이 기르는데 플레이보이형의 수염이다. 이런 사람은 건방진 편으로 탕아 등으로 판단되는데, 본인이 그렇게 평가되는 것을 바라는 면도 있다.

웃음과 애감(哀感)을 주는 채플린 수염

배우 찰리 채플린의 수염이다. 구(舊) 소련의 전 부수상인 미코얀은 항상 2인자의 위치에 있었던 사람으로 붉은 상인이라는 별명을 얻을 정도로 경제적 수완을 발휘한 인물인데 이 사람의 수염이 역시 채플린 수염이었다. 이 수염의 사람은 유머 속에 일말의 애감을 띠고 있는 것 같은 풍정이 있다.

채플린 수염:
유머와 위트가 있다.

팔자형(八字型)의 수염은 고지식하다

관리, 군인, 교사 등에서 많이 볼 수 있었던 수염이 바로 팔자형의 수염이다. 이런 사람은 꼼꼼하고 고지식하게 일을 처리한다. 신경이 예민한 데가 있으며 좋게 말하면 진실하다고 할 수 있지만 '잔소리형'이기도 하다. 그러나 마음에는 사념(邪念)이 없다.

카이저수염은 자존심의 상징이다

제1차 대전 당시 독일의 황제 카이저 빌헬름의 수염에 연유해서 이 이름을 붙였다. 이런 사람은 자존심이 강하고 야심이 크다. 수염을 꼬면서 자기 자랑을 늘어놓거나 얼마간 과장된 이야기를 하기도 한다. 그러나 그 과장된 계획 같은 것을 이윽고 실행에 옮겨 실현하기 때문에 섣부르게 단정 지어서는 안 된다. '훌륭한 수염'의 대표격이며 자기 현시욕을 나타낸다.

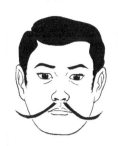

카이저 수염:
뜻이 크고 자존심이 강하다.

풍성한 수염의 사람은 호쾌하다

수염이 풍성하게 뒤덮고 있는 형의 사람은 무슨 일에도 별로 동요하는 적이 없고 태연하다. 여러 가지 문제를 아주 간단하게 처리하는 능력이 있다.

속세를 초월한 사람이 잘 기르는 선인형(仙人型)의 수염

선인형의 수염을 기르고 있는 사람은 초연하면서도 세상일에 통달하고 있다. 그리고 어려운 문제를 능수능란하게 해결해 내는 재능이 있다. 물욕이라는 것이 거의 없고 사람이 좋다. 그러나 세상은 이런 사람을 '색다른 사람'으로 취급한다. 앞의 풍성한 수염의 사람과 많이 닮았지만 그보다 더 속세를 초월한 것처럼 보인다.

풍성한 수염:
그릇이 크고 호쾌하다.

염소수염의 사람은 이상에 불타서 살아간다

염소수염의 사람은 의지가 강하다. 어떤 이상을 가지고 있는 경우가 많으며 이상을 위해 평생을 걸고 싸우기도 한다. 일종의 기인이라고 할 수 있다.

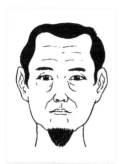

염소 수염:
의지가 강하고 이상의 실현을 목표로 삼는다.

덜렁거리고 경박한 두 줄 코밑수염

콧물을 흘리고 있는 것 같은 수염이다. 좀처럼 보기 드문 상이지만 젊은 사람에게서 간혹 볼 수 있다. 이와 같은 수염을 기를 수 있는 사람은 어느 정도 덜렁거리고 경박하며 자기 현시욕이 강하고 외로움을 잘 타는 사람이다. 착실한 샐러리맨으로는 적합하지 않다. 자유업이 알맞은 타입이다.

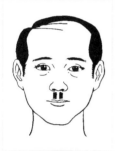

두 줄 수염:
덜렁거리고 경박하면서도 외로움을 타는 사람이다.

186

제6장

앉은 모습·말씨 걸음걸이를 보고 사람을 아는 법

1__앉은 모습을 보면 상대를 알 수 있다
2__말씨와 목소리로 상대방을 알 수 있다
3__걸음걸이를 보면 상대를 알 수 있다

앉은 모습을 보면 상대를 알 수 있다

인상이란 얼굴만을 뜻하는 것이 아니다. 인상이란 '사람의 일체상(모습)'을 뜻하는 것으로 상이란 '모습', '모양'이며 앉는 모습도 인상학 중의 한 분야를 이루고 있다.

바르게 앉는 사람은 인품이 훌륭하다

앉은 모습이 유연하고 태산처럼 묵직해 보이는 사람은 대단한 인재(人材)라고 할 수 있다. 앞으로 기울이지도 않고 뒤로 젖히지도 않으며 실로 똑바르게 앉는 사람은 인품이 훌륭하고 뜻도 크며 사회에서 큰일을 성취할 만한 기량이 있는 사람이다. 바른 자세는 건강을 낳는 것과 동시에 인격도 높인다는 것을 알아야 한다.

앉는 모습은 그 사람을 나타낸다.

무릎을 떠는 사람은 경솔하고 돈복이 없다

옛사람들은 앉아서 공연히 무릎을 채신없이 떠는 것을 "궁상을 떤다."고 하며 몹시 싫어했다. 이런 버릇이 있는 사람은 곧 시정해야 한다. 실제로 이런 사람은 돈이 몸에 붙지 않기 때문이다.

공연히 무릎을 떨고 궁상을 떠는 사람은 돈이 몸에 붙어 있지 않는다.

남과 말하는 도중에 공연히 몸을 흔드는 사람을 신뢰할 사람은 아무도 없다. 또 의자에 걸터앉아서 구두나 손가락으로 가볍게 쳐서 소리를 내는 것도 궁상을 떠는 것과 마찬가지로 상대방에게 불쾌감을 준다. 복이 달아나는 것은 당연하다.

넓은 자리를 독점하는 사람은 이해심이 없다

가끔 지하철이나 버스 안에서 목격할 수 있는 광경으로 가랑이를 크게 벌리고 앉아 혼자서 두 사람 몫의 좌석을 독점하거나, 두 셋은 더 앉을 수 있는 자리를 자기들끼리 독차지하고 있는 사람들을 볼 수 있다. 노약자에게 자리를 양보하기는커녕 다른 사람 몫의 자리까지 점령하고 앉은 것이다. 그와 같은 사람들은 이해심이 전혀 없고 남을 배려할 줄 모른다. 만일 물자 부족에 허덕이는 시대가 온다면 폭동을 일으키는 주인공이 될 사람이다.

남을 생각하는 마음이 조금이라도 있다면 이런 자세를 하지 않는다.

앞으로 기울이고 앉는 사람은 집중력이 없다

앞으로 기울이고 앉는 사람이 적지 않은데, 이런 사람은 마음에 조급함이 있고 매사에 집중할 수 없는 성격이다. 노인도 아닌데 앞으로 몸을 기울이고 앉아서 무슨 말을 한다면 상대방이 기분 좋게 들을 리가 없다. 하는 일이 잘 되지 않을 것은 당연하다. 이런 사람은 성공을 바라기 어렵다.

앉기만 하면 무엇에 기대려고 하는 사람은 체력이 약하다

벽에 기대거나 방바닥을 짚고 몸을 받쳐서 앉는 사람은 병으로 몸이 쇠약하거나 기력이 쇠약해진 증거이다. 도저히 무슨 일을 성사할 상황이 아니다. 병약한 사람은 빨리 적당한 처방을 받아 치료하거나 요양을 하고, 기력이 떨어져 있는 사람은 그 원인을 찾아서

손을 써야 한다. 이와 같은 상황의 사람과 진지한 의
논이나 약속을 하는 것은 무리이다.

말씨와 목소리로 상대방을 알 수 있다

사람이란 순경(順境)일 때는 목소리가 커지고 말씨도 매끄럽지만 역경(逆境)일 때는 목소리가 작아지고 소곤거리는 목소리로 말하게 된다. 사람은 기쁠 때와 슬플 때의 목소리나 말씨가 저절로 달라진다. 하지만 큰 인물이 되면 그런 변화에 상관없이 태도, 목소리, 말씨가 언제나 다름없는 법이다.

빠른 말씨로 계속 떠드는 사람은 경솔하다

빠른 말씨라고 해도 지혜가 있는 사람의 일목요연한 말과 그저 되는 대로 이야기를 늘어놓기만 하는 말의 차이는 누구나 알 수 있을 것이다. 이렇게 무작정 말을 뱉어내기만 하는 사람은 성급하고 오번센스의 경향이 강하다. 이와 같은 사람은 정신없이 지껄이고 나서 '아차' 하고 후회하는 경우가 많다.

상대방을 보지 않고 말하는 사람은 비밀이 있다

남과 대화하면서 시선을 피해 눈을 내리깔고 말하거나 엉뚱한 방향을 바라보고 말하는 사람은 무엇인지 마음에 비밀을 담고 있다. 정직하지 못한 사람이나 사기꾼 등은 남의 눈을 보지 않고 눈을 내리깐 채 말할 때가 있다. 물론 스케일이 너무나 다른 위인이나 고위직의 사람, 미모의 이성을 대했을 때 시선을 피하는 것은 흔히 있는 일로서 이것은 판단의 대상이 되지 않는다.

상대방을 똑바로 쳐다보고 말하지 않는 것은 뭔가 숨기는 것이 있기 때문이다.

중환자 같은 말씨의 사람은 일생동안 불운하다

언제나 중병에 걸린 사람처럼 소곤소곤 낮은 목소리로 말하는 사람은 몸도 약하고 불운한 일생을 보낸다. 이와 같은 사람은 밝은 목소리로 말하도록 힘써야 한다. 그러면 몸도 튼튼해지고 불행도 서서히 가신다.

194

무섭게 말하는 사람은 근본이 정직하다

무서운 말씨의 사람은 처세가 서툴고 편벽한 사람으로 간주되어 좋은 인상이라고 할 수가 없다. 대체로 말이 없는 편이지만 근본은 정직한 사람이다. 따라서 성질을 잘 알아서 따뜻하게 대하면 의외로 격의 없이 사귀게 될 뿐만 아니라 그 사람의 도움도 받게 된다.

대화 중에 궁상을 떠는 사람은 신용하지 말라

이것은 인상학적인 문제를 떠나 상식적인 문제에 해당한다. 도대체 남과 대화할 때 궁상을 떠는 것은 당치도 않은 일이며, 이와 같은 사람은 돈이 들어와도 곧 나가 버리는 타입이다. 이런 사람이 제안하는 사업에 손을 대면 후에 큰 피해를 보게 된다. 그런 사람이 하는 이야기는 10분의 1만 믿는 것이 좋다.

속삭이듯 말하는 사람은 비밀이 있다

이와 같은 사람은 마음에 비밀이 있거나 사심이 있어 사귀어도 그 사람을 잘 알 수 없는 경우가 많다. 신경질적이고 시기심도 많은 사람이다.

제스처가 큰 사람은 자기주장이 강하다

일반적으로 서양인들은 제스처가 크지만 동양인들은 대화를 하면서 제스처를 그다지 사용하지 않는 편이다. 그런데도 지나친 제스처를 하는 사람은 자기주장이 강함과 동시에 표현력이 풍부하고 화려한 연출을 좋아하는 경향이 있다. 그리고 평소에 제스처를 별로 하지 않는 사람이 전에 없이 큰 제스처를 할 때는 무엇인지 자기 뜻을 상대에게 먹혀들어가게 하려는 경우이니 주의할 필요가 있다.

제스처가 지나친 사람은 화려한 연출을 좋아한다.

손바닥을 위로 향하고 말하는 사람은 이야기를 건성으로 듣는 사람이다

사람은 진지해지면 진지해질수록 손의 위치나 시선, 동작에 그 마음이 나타나는 법이다. 손을 바르게 무릎 위에 올려놓거나 주먹을 꼭 쥐는 것 등이 그러한 표현이다. 반대로 손바닥을 위로 향하고 대화하는 사람은 무슨 다른 일에 마음을 쓰고 있다는 증거이며 상대방의 이야기를 건성으로 듣고 있다고 판단해도 무방하다. 이와 같은 때의 대화는 무의미하니 중지하는 편이 낫다.

큰소리로 말하는 사람은 정직한 사람이다

큰소리로 기운 있게 말하는 사람은 정직하고 개방적이며, 유머도 있을 뿐만 아니라 남에게 호감을 준다. 약간 속이 좁은 데가 있기는 하지만 사람은 호인이다.

턱을 내밀고 말하는 사람은 허풍이 심하다

턱을 내밀고 이야기하는 사람은 상대방을 얕잡아 보거나 우월감이 강하다. 말하는 것도 자랑거리나 허풍일 경우가 많다. 사람은 거만하고 잘난 체하며 방심하고 있을 때 턱을 올려 앞으로 내미는 모양이 된다. 이와 같은 사람의 말은 신용할 수 없다.

상대의 말을 끝까지 듣는 사람은 큰 인물이 된다

아무리 심한 공격을 당해도 도중에 반론하지 않고 상대방의 주장을 끝까지 듣는 사람은 장차 위대한 사람이 될 가능성이 크다. 이들은 대부분 다 듣고 나면 당당하게 반론하는데 한마디로 큰 인물이라고 할 수 있다. 대개의 사람은

비난이라도 남의 말을 끝까지 듣는 사람이라면 큰 인물이 된다.

상대방의 비난을 끝까지 들으려 하지 않고 도중에서
반론하는 사람이 많은 법이다.

느리게 말하는 사람은 성질이 느리거나 생각이 깊다

이것은 빠른 말씨의 사람과 정반대의 성격을 타나
낸다. 성질이 느린 사람이거나 그렇지 않으면 신중한
사람이며, 실언이나 실패가 적은 사람이다. 이야기의
내용이 논리 정연하면 신중할 뿐만 아니라 '지(知)'가
있는 사람으로 판단해도 좋다. 그러나 가볍게 더듬는
사람과 혼동하지 말아야 한다.

윗사람과 아랫사람을 다르게 대하는 사람은 실패한다

윗사람한테는 정중하고, 아랫사람에게는 거만한
사람은 언젠가는 실패한다.

자기보다 윗사람에게는
굽실거리는 반면 아랫사람
에게는 방자하고 건방진 어
조로 말하는 사람은 부하에
게 신망을 잃어 언젠가 반드
시 실패한다. 사람은 윗사람
에게 예의를 지키는 것과 동
시에 아랫사람에게도 예의
를 지키고 감사한 마음을 갖
고 대하지 않으면 안 된다.

이것을 지키지 못하는 사람은 결국 남에게서 버림을 받게 된다.

성공담이나 자랑만 하는 사람은 허영심이 강하고 거짓말쟁이다

남의 험담도 듣기 거북하지만 자기 일을 자랑하는 것은 정말 듣기 거북한 법이다. 말하는 쪽이 재미있어 하는 것이니 언제 끝날지 모른다. 이와 같은 사람은 도저히 남과 원만하게 사귈 수 없다.

실패담을 섞어서 말하는 사람은 마음에 여유가 있다

자기 일을 자랑만 하는 사람은 열등감이 강한 반동으로서 나타나는 법이다. 한편 자신의 실패를 떳떳하게 이야기할 수 있는 사람은 열등감이 적은 사람이며 마음에 여유가 있다. 여유가 있는 만큼 담담하게 실패담을 털어 놓을 수도 있는 것이다. 듣는 사람은 자기 자랑이나 성공담에는 싫증을 내지만 실패담에는 관심을 보인다. 그런 의미에서 실패담을 어떻게 적당히 섞느냐 하는 것이 성공적인 대화의 비결이다.

턱을 바싹 당기고 눈을 치켜뜨며 말하는 것은 상

대방을 멸시하고 있다는 증거이다

이른바 눈을 치켜떠서 상대방을 힐끔 쳐다보는 사람이다. 이런 사람은 거만하고 무례하기 짝이 없다. 어떤 우월감을 갖지 않았다면 이와 같은 태도는 있을 수 없다. 이런 타입의 사람은 음침하고 음험하며 활기가 없다. 이와 같은 사람은 결국 남의 호감을 사지 못하기 때문에 지위를 얻었다고 해도 고독하게 일생을 마친다.

웅변가의 말은 설득력이 약하다

웅변가의 말을 들을 때는 귀가 즐겁다. 그러나 끝나고 나면 아무런 교훈도 남지 않는 경험을 누구나 해본 적이 있을 것이다. '정말 재미있었다.', '멋진 이야기였어.' 하는 생각은 들지만 무엇이 그 이야기의 요점이 었는지 불분명하게 되면 아무 소용이 없다. 지엽적인 이야기만 많고 설득력이 있는 내용이 없다면 의미가 없는 것이다.

눌변가의 말은 설득력이 강하다

말솜씨가 없는 사람의 이야기는 의외로 설득력이 있다. 그것은 자신만이 일방적으로 말하지 않고 충분히 상대방의 의견을 듣기 때문이다. 또 달변가처럼 꾸

밈이 없기 때문에 항상 문제의 핵심을 곧바로 언급하
고 많은 말을 하지 않으니 진행도 빠르다. 유명한 세
일즈맨 중에 웅변가나 능변가가 적다는 것도 수긍이
가는 것이다.

상대방의 말을 가로채는 사람은 자기 본위이다

상대방이 말하는 도중에 "그것은 말입니다."라든가,
"말씀하는 중이지만 그것은 그렇지 않죠." 하고 남의
말을 도중에 가로막는 사람은 매사가 자기 본위이며
상대방에 대한 배려가 부족하다. 이와 같은 사람이 상
사가 되면 부하들이 조언을 하지 않게 되며 결국 혼자
따돌림을 받게 되어 실패하기가 쉽다.

3 걸음걸이를 보면 상대를 알 수 있다

　옛날부터 출세한 사람이나 성공한 사람의 걸음걸이를 보면 그 걸음걸이가 멋들어진 사람이 적지 않다. 그럼 어떤 걸음걸이가 훌륭한지 한번 살펴보기로 하자.

몸은 무겁게 발걸음은 가볍게 걷는다.

　상체는 무겁지만 걸음걸이는 가볍게 가슴을 펴고 걷는 사람은 곤란을 극복하고 성공한다

　몸은 무겁고 중량감이 있으며 걸음걸이가 가벼운 사람은 인물도 당당해 보이고 곤란에 부딪쳐서도 운을 개척하는 사람이다. 성공하려면 우선 당당한 걸음걸이를 배워야 한다. 마음이 모습을 만들며, 동시에 모습이 정신을 형성한다. 당당한 걸음걸이를 하고 있으면 생각도 저절로 홀

륭해지는 법이다. 간단한 성공법이라고도 할 수 있다.

양 어깨를 흔들고 걷는 사람은 성공하지 못한다

걸을 때에 양어깨를 흔들흔들 흔들고 걷는 사람이 있는데 이것도 일종의 궁상을 떠는 것이라 볼 수 있다. 성공하기는 힘든 사람이다. 사람됨이 가볍고 남에게 신뢰를 받지 못한다.

어깨를 흔들면서 걷는 것은 궁상은 떠는 것이나 마찬가지다.

서둘러 걷는 사람은 성급하고 지레짐작을 잘한다

서둘러서 걷는 사람은 성급하고 침착성이 없으며 지레짐작으로 실패하기 쉽다. 이야기를 끝까지 듣지 않고 뛰어나가는 것 같은 성격으로 매사에 열성이 없고 한 군데 오래 있지 못한다.

위를 쳐다보고 걷는 사람은 활력은 있지만 거만하다

항상 위를 쳐다보고 걷는 사람은 활력은 있지만 사람을 사람으로 보지 않는 거만함이 있다.

위를 보고 걷는 사람은 거만하고, 아래를 보고
걷는 사람은 음침하다.

밑을 보고 걷는 사람은 음침해서 성공하지 못한다

언제나 밑만 보고 걷는 사람은 음침하며 운도 잘 열리지 않는다. 하지만 큰 쇼크를 받아 의기소침해 있을 때도 그렇게 걷는 경우가 있는데 그것은 예외이다.

어깨를 으스대며 걷는 사람은 허세를 부리기는 하지만 소심한 사람이다

불량배일수록 어깨를 으스대지만 진짜 두목이 되면 반대로 조용해지기 마련이다. 어깨를 으스대며 걷는 사람은 허세를 부리고 있지만 소심하고 겁쟁이며 혼자서는 아무것도 할 수 없는 경우가 많다. 마음이 소심하기 때문에 과잉방어가 되기 쉽고 사소한 싸움에 쉽게 흥분할 위험이 있다.

앞으로 기울이고 걷는 사람은 운이 열리지 않는다

언제나 앞으로 기울이고 걷는 사람은 운이 열리지 않는다. 이런 사람은 가족의 운까지도 망치는 경우가 많다. 이런 사람이 성공하려면 길은 오직 하나밖에 없다. 그것은 '가슴을 펴고 상체를 세워서 당당하게 걷는' 것이다. 그렇게 하면 인생도 변한다.

뒤를 돌아보며 걷는 사람은 나쁜 생각을 품고 있거나 누군가에게 쫓기고 있다

사람은 걸을 때 좀처럼 뒤를 돌아보지 않는 법이다. 그런데도 빈번하게 힐끔힐끔 뒤를 돌아보는 것은 무슨 나쁜 일을 꾸미고 있거나 또는 나쁜 일을 하고 누군가에게 쫓기고 있는 사람이다. 어느 쪽이건 간에 환영할 만한 걸음걸이는 아니다.

두리번거리면서 걷는 사람은 경계심이 많고 마음이 동요하고 있는 사람이다

주위를 두리번거리고 살피면서 걷는 것은 무엇을 두려워하여 경계하고 있거나, 또는 마음이 동요하고 있음을 나타낸다. 시골에서 처음으로 도회지에 나왔을 때도 두리번거리기 마련인데 이것도 마음이 불안정하기 때문에 그러한 것이다.

두리번거리면서 걷는 사람은 경계심이 있거나 마음의 동요가 있는 것이다.

발소리를 크게 내고 걷는 사람은 교양이 없다

걸음걸이에도 하나의 법식이 있다. 그런데 언제나 통탕거리며 발소리를 크게 내고 걷는 사람은 법식을 헤아리지 못하는 인간이며, 따라서 교양이 없고 예의를 모른다. 사람이 크게 취했을 때는 발소리를 크게 내고 걷는데 이것은 알코올 뇌중추(腦中樞)의 기능이 감퇴하기 때문에 예의나 법식을 잊어버려 그렇게 되는 것이다. 그런데 술에 취하지도 않은 평소에 그런 걸음걸이를 한다면 성공할 리가 없다.

앞으로 넘어질 듯이 걷는 사람은 단명한다

앞으로 고꾸라질 듯이 걷는 사람이 있는데 이와 같은 사람은 언제나 마음이 초조하고 성급하여 바쁜 사람이다. 언제나 마음에 여유가 없고 스트레스가 쌓이고 오래 살기는 틀린 사람이다. 일찍 일생의 일을 마치고 저 세상으로 가고 싶은 사람이다.

앞으로 고꾸라지듯 빠른 걸음걸이로 걷는 사람은 마음에 여유가 없다.

마릴린 먼로의 걸음걸이는 무지하거나 색정으로

몸을 망친다

먼로처럼 엉덩이를 좌우로 탄력 있게 흔들고 걷는 사람은 무지하거나 색정에 의해 몸을 망치게 된다. 한때 그렇듯 유명했던 먼로도 결국은 원인불명의 자살을 하고 말았다. 정상적인 걸음걸이가 역시 제일이다.

고양이처럼 굽은 등으로 걷는 사람은 재수가 없다

고양이처럼 등이 굽은 사람은 어느 정도의 지위에 올라가다가도 결국은 전락하게 된다. 등이 굽은 사람은 천성으로 그렇게 되거나 또는 자세가 나빠서 등뼈가 앞쪽으로 굽어 있기 때문에 가슴을 펼 수 없는 것인데 이런 자세는 불운을 초래한다.

오각(○脚)으로 걷는 사람은 애정운이 좋지 않다

오각으로 걷는 사람은 소박하고 촌티가 날 뿐만 아니라 애정이 생기지 않는다. 이와 같은 걸음걸이는 여성에게 싫증을 준다.

아장아장 빨리 걷는 사람은 소심한 사람이다

어릴 적에는 누구나 아장아장 걷지만 성장과 더불어 사람은 당당하게 걷게 되는 법이다. 그런데 언제까

지나 그것이 시정되지 않고 어른이 되어도 그처럼 걷
는 사람은 아무리 재능이 있어도 남으로부터 바보 취
급받기 쉽고 절대로 중용되지 않는다. 대체로 이와 같
은 사람 중에는 소심한 사람이 많다

제7장

자세 · 동작을 보고

사람을 아는 법

1_자세를 보면 여자의 마음을 알 수 있다
2_동작을 보면 여자의 마음을 알 수 있다

자세를 보면 여자의 마음을 알 수 있다

무언가에 기대려고 하는 여성은 의지할 남성을 원하고 있다

집 안에서건 집 밖에서건 기둥이나 가구, 벽 등에 기대려고 하는 여성은 심리적으로 기댈 수 있는 강하고 늠름한 남성을 원한다고 볼 수 있다. 자신에게 존재감이 없고 항상 무엇인가 부족한 것같이 느껴지는 심리가 작용해서 확실한 것에 기대려는 자세로 표출되고, 그렇게 함으로써 일시적인 안도감을 얻으려고 하는 셈이다.

그와 같은 여성에게 "아니, 어찌될 일입니까. 좀 피곤해

심리적으로 기댈 수 있는 누군가를 찾고 있다.

보이는군요” 하고 말을 걸면 기다렸다는 응답하기 마련이다. 물론 몸이 쇠약해 있기 때문에 그와 같은 포즈를 취하는 여성의 경우와는 확실히 구분해야 한다.

손으로 뺨을 괴는 여성은 두 번 결혼한다

손으로 뺨을 괴는 여성은 중혼(重婚)하는 팔자이다. 다만 여기서 말하는 ‘중혼’은 동시에 두 사람의 상대와 결혼하는 것이 아니라 초혼에 실패하고, 또 한번 결혼한다(결혼을 두 번 한다)는 의미이다. 즉 ‘초혼만으로는 끝나지 않는 여성’이라는 뜻이다. 손으로 뺨을 괴는 버릇이 있는 여성은 이 순간부터 당장 그 버릇을 버리는 것이 좋다.

팔짱을 끼는 여성은 배신을 잘하고 성욕이 강하다

여성이 팔짱을 자주 끼는 사람이 있는데 이런 자세는 보기에 과히 좋지 않다. 또 여성 중에 이러한 사람은 남을 쉽게 배반할 가능성이 있으며, 남을 기만하는 일도 서슴지 않는다. 또 성적 욕구가 강한 편이다.

팔짱을 자주 끼는 여성은 언제 배신할지 모른다.

단아하게 정좌하는 여성은 인품이 뛰어나다

단아하게, 그것도 유연하게 정좌하는 여성은 인품이 훌륭하고 복도 많다. 이와 같이 앉을 수 있는 것만으로도 좋은 평가를 받을 수 있다.

오른쪽 어깨가 내려가는 여성은 사랑에 약하다

앉는 것과 동시에 오른쪽 어깨를 낮추는 여성은 정에 빠지기 쉽고 처자가 있는 사람과도 서슴없이 연애를 하며, 스캔들을 일으키는 사람이다. 남성이라면 왼쪽 어깨를 낮추는 사람이 색정으로 고생한다.

자기도 모르게 이런 포즈를 취하는 버릇이 있는 여성은 빨리 고쳐야 한다. 포즈를 바꾸면 운도 바뀌는 법이다.

앉을 때 오른쪽 어깨가 내려가는 여성은 '사랑이 전부'가 되기 쉽다.

앉아도 침착하지 못한 여성은 색골이다

앉으면 가만히 있지 못하고 산만하게 몸을 움직이거나 안절부절 못하고 침착성이 없는 여성이 있는데 이런 여성은 색골의 상이다.

초면의 남성에게 곁눈질하는 여성은 바람둥이다

처음 만나는 남성에게 아양을 떠는 눈길을 보내는 여성은 선천적인 바람둥이로서 이 남자에게서 저 남자로 전전하다 마침내 신세를 망치게 된다.

뻐드렁니에 눈이 가늘게 웃고 있는 것 같은 여성은 호인이지만 수다쟁이다

약간 뻐드렁니에 가느다랗고 상냥한 눈을 가진 여성은 비밀을 지키지 못하는 여성으로 주변 사람들의 입장을 곤란하게 만들어 버린다. 앞뒤를 생각하지 못하고 마구 떠벌리는데 트러블 메이커 같은 사람이지만 악의는 없다. 호인이며 남성의 유혹에 약한 타입이라고 할 수 있다.

동작을 보면 여자의 마음을 알 수 있다 2

말을 걸면 땀을 흘리는 여성은 당신에게 호감이 있다

남성이 말을 걸었을 때 순간 당황하는 기색을 보이거나 갑자기 손이나 발, 얼굴에 땀이 나는 여성은 그 남성에게 호의를 품고 있었음을 가리킨다. 물론 그와 같은 반응을 한 번 보였다고 해서 그녀가 당신에게 호감을 갖고 있다고 판단하는 것은 이르다. 왜냐하면 몸이 안 좋을 수도 있고, 다른 남자와 데이트 바로 직전에 당신을 만났어도 그녀는 땀을 흘리기 때문이다. 하지만 두 번 이상 똑같은 반응을 보였다면 그때는 믿어도 좋다.

말을 걸었을 때 땀을 흘리면 당신에게 호감이 있다는 증거다.

당신에게 사랑을 품은 여자는 얼굴을 붉힌다

남성과 만났을 때 얼굴을 붉히는 여성은 그 남성에게 사랑을 품고 있다는 증거이다. 심리적으로 그러한 상태에까지 도달한 여성이라면 거의 틀림없이 당신의 데이트에 응할 것이다.

구실을 내세워 남성의 집에 출입하는 여성의 사랑은 부담스럽다

별다른 용무도 없으면서 무슨 구실을 내세워 남성의 집을 찾는 여성은 지극히 강한 연애 감정으로 남성의 가족에게 호감을 사려고 하는 작전을 갖고 있는 것이다. 이와 같은 여성은 받아들일 것인가, 거절할 것인가를 빨리 정하지 않으면 안 된다. 만약 거절했을 경우 그 시기가 늦어지면 심한 원망을 듣게 되기 때문이다.

상대에게 호감이 있는 사람은 그 가족에게 잘 보이는 작전을 쓴다.

존경심을 언동으로 나타내는 여성은 존경과 사랑을 동시에 품고 있다

"존경합니다."라고 입 밖에 내거나 헌신적인 사랑을

표현하는 여성이 있다. 이와 같은 여성은 상대 남성이 자기보다 지위나 학식 등의 면에서 월등히 뛰어남을 자각하고, 그에게 존경과 사랑을 동시에 품고 있다고 판단된다. 결혼해도 일생 남편을 존경하고 헌신적으로 위하는 아내가 될 가능성이 높다.

아랫입술을 깨무는 여성은 짝사랑을 하고 있다

언제나 아랫입술을 깨물고 있는 여성은 누군가를 몰래 사랑하고 그것을 털어놓지 못해 괴로워하고 있다고 볼 수 있다. 하기야 오늘날은 그와 같은 예스러운 여성을 찾아보기가 힘들지만 말이다.

목소리가 고운 여성은 섹스에 능하다

목소리가 고운 여성이 있다. 그 아름다운 목소리에 "어떤 미인일까?" 하고 저도 모르게 얼굴을 확인하고 싶어지는 그런 여성 말이다. 그러나 목소리의 아름다움이 반드시 미모와 일치하는 것은 아니다. 하지만 목소리가 고운 여성은 섹스에 능하며, 박정하고 남성을 농락하는 면도 있다. 남자라면 그런 목소리는 귀로만 즐기는 편이 무난하다.

특정한 남자에 대한 찬미는 사랑의 표현이다

남성인 당신에게 입에 침이 마르도록 찬미를 하는 여성이 있다면 그것은 "저는 당신이 좋아서 못 견딜 정도로 괴로워하고 있어요." 하고 고백하는 것으로 이해해야 한다. 듣고 홀려버리는 것은 사랑의 싹을 자르는 것과 같다.

다른 자리의 남성을 힐끔거리는 여성은 누군가에게 사랑을 받고 싶은 것이다

커피숍 같은 데서 다른 자리의 남성을 흘깃거리며 쳐다보는 여성이 있다. 이들은 일행과 앉아 큰소리로 떠들어대거나 웃음소리를 내면서 그 남성을 힐끔힐끔 보는데 이는 남성이 자신에게 관심을 표현해 주었으면 하는 것이다. 필자의 친구 부인은 이런 방법으로 현재의 남편을 차지했다. 하기에 따라서는 유효한 방법이다.

유난히 눈에 띄게 시선을 주는 사람은 당신에게 호감이 있다.

초면의 남성에게 말도 하기 전에 웃음부터 보이는 여성은 다정한 성격이다

처음 만난 남성과 말도 하기 전에 웃음부터 보이는 여성은 대체로 다정하며 말하기 시작하면 이상하게 정다운 말씨가 된다.

핸드백에서 뭔가 쉴 새 없이 꺼냈다 넣었다 하는 여성은 유혹에 잘 걸려든다

의자에 앉거나 자리에 앉았을 때에 핸드백 안의 물건을 열심히 꺼냈다 넣었다 하는 것은 그 여성의 마음이 안정되지 않고 욕구불만에 차 있음을 나타낸다. 그와 같은 여성은 마치 누군가 유혹해 줄 것을 기다리고 있거나 하는 듯한 심리 상태에 있다고 할 수 있다.

욕구불만인 경우가 많으며, 누군가 다가오면 쉽게 마음을 연다.

당신과 말하는 도중에 한숨을 쉬는 여성은 고백할 사랑이 있다

말하는 도중에 당신의 눈을 가만히 응시하고는 "후 —" 하고 깊은 한숨을 내쉬는 여성이 있으면 그것은 당신에 대한 사랑을 가슴에 숨기고 고백할 수 없는 괴로움을 나타내고 있는 것이다.

특정한 남성 앞에서 말을 더듬는 여성은 고백하지 못해 괴로워하는 사랑을 품고 있다

평소에는 거침없이 말을 잘 하는 여성이 어느 남성과 마주하면 갑자기 더듬기 시작하는 경우가 있다. 이는 그 남성에게 강한 사랑을 품고 있어 자신을 잘 보이려고 긴장한 나머지 오히려 말을 잘 하지 못하게 되는 것으로 해석할 수 있다. 그럴 때 "이 여자, 말더듬이인가?" 하고 생각하지 말고 "커피라도 한잔 하시죠." 하고 권해 주어야 한다. 그녀의 말더듬은 그것으로 말끔히 시정될 것이다.

이마를 손가락으로 긁는 여자에게는 멀지 않아 사랑이 찾아온다.

입에 거품을 내며 말하는 여성은 다정하지만 고집이 세다

입에 거품을 내며 말을 하는 여성은 자기주장만 관찰하려는 고집스러운 성격이다. 하지만 다정한 면도 있다. 또 침을 튀기면서 말하는 여성은 대체로 교양이 없고 좋은 집의 주부가 되기는 아예 틀린 여자이다.

담배 연기를 세게 내뿜는 여성은 제멋대로이고 이상이 높다

담배 연기를 세게 내뿜는 여성은 제멋대로이고 남편에게 순종하지 않으며, 쉽게 열을 올리고 화를 낸다. 그러면서도 이상주의자이기 때문에 맞선을 볼 경우에는 자신의 결점은 생각지도 않고 상대방의 비평에만 열을 올리는 타입이다.

담배연기를 마구 내뿜는 여자는 콧대가 높은 편이다.

성큼성큼 남성처럼 걷는 여성은 독립심이 강하고 자기주장이 강하다

남성처럼 등을 곧게 펴고 성큼성큼 걷는 여성은 독립심이 매우 강하고 사회생활에서는 남성과 맞서서 발언하거나 행동하는 것을 좋아한다.

특정한 남성에게 신상에 관해 말하는 여성은 사랑

을 고백하는 것이나 다름없다

"저, 우리 아버지는요, 정말 엄하세요. 제가 미국에 사는 언니한테 갔을 때인데요." 하고 자기 가족의 이야기와 신상 이야기를 특정의 남성에게 들려주는 여성은 사랑을 고백하고 있는 것이나 다름없다. 또 남자에게 아무렇지도 않게 "형제가 몇 분이나 되세요?", "아버님은 어디에 근무하세요?" 하는 질문을 하는 것도 그 남성에 대한 깊은 관심을 나타내는 것이다.

상대가 계속해서 집안 얘기를 하는 것은 당신을 마음에 두고 있다는 표현이다.

대화 중에 머리를 매만지며 촉촉한 눈을 하는 여성은 당신을 원하고 있는 게 분명하다

남성과 대화할 때 계속해서 머리를 매만지면서 촉촉이 젖은 눈으로 가만히 응시하는 여성은 그 남성에게 강한 포옹을 받고 싶다고 몸으로 표현하고 있는 것이나 마찬가지다. 그리고 누구한테나 그처럼 행동하는 여성은 선천적으로 바람둥이 기질이 있음을 알아야 한다.

특정한 남성을 슬며시 눈으로 뒤쫓는 여성은 짝사
랑에 고민하고 있다

회사에서 아무렇지도 않은 듯이 특정한 남성을 온
종일 눈으로 쫓는 여성이 있다. 그런 여성은 사랑을
털어놓을 수도 없고 만감이 서려서 그의 모습을 쫓고
있는 것이다. 하지만 그 남성과 눈이 마주치면 일부러
차갑고 무뚝뚝하게 굴거나 아무렇지도 않은 듯 웃어
보인다. 어느 쪽이건 간에 그녀의 마음속은 그의 생각
으로 꽉 차 있으며 일도 손에 잡히지 않는 형편일 것
이다.

제8장

인상학으로 질병을 알아내는 법

1__질병도 인상에 나타난다
2__몸의 형태를 보면 질환을 알 수 있다

질병도 인상에 나타난다

인상학 중에서 병에 대한 것만 뽑아 정리해도 현대 의학의 진단에 충분히 응용할 수 있는 훌륭한 한 권의 책이 될 것이다. 그 전부를 소개하는 것은 이 책이 의도하고 있는 것에서 벗어나므로 약간만 설명하여 참고하고자 한다.

인상에는 의학적 4분법이 있다

인상은 의학적으로 다음의 네 가지 타입으로 구분된다.

① 뇌형(腦型)

상정이 발달한 역삼각형의 얼굴형.

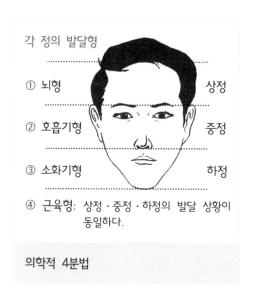

각 정의 발달형

① 뇌형   상정

② 호흡기형   중정

③ 소화기형   하정

④ 근육형: 상정·중정·하정의 발달 상황이
         동일하다.

의학적 4분법

② 호흡기형(呼吸器型)

중정이 발달한 마름모꼴의 얼굴형. 특별히 흉부가 발달해 있다.

③ 소화기형(消化器型)

하정이 발달한 피라미드형의 얼굴형. 온몸 중에서 특히 복부가 잘 발달해 있다.

④ 근육형(筋肉型)

얼굴에서는 상정·중정·하정, 전신에서는 가슴·몸통·배의 각 부위의 발달 상황이 거의 같다.

이상 네 가지 외에 다시 네 종류의 혼합형이 존재한다.

뇌형의 사람은 허약한 체질의 일언거사

뇌형의 사람은 상정이 발달해 있기 때문에 이마가 넓고 머리가 크며 턱은 가늘고 뾰족하다. 그 큰 역삼각형의 머리를 가냘픈 몸으로 받치기 때문에 불안정한 느낌을 준다. 이런 체형의 사람은 두뇌작용이 뛰어나다. 그러나 체력은 약해서 육체노동을 하면 이내 녹초가 되고 더욱 계속해서 노동하면 병을 앓게 된다. 어떻든 육체노동에는 적합하지 않다. 또 이런 형의 사람 중에는 일언거사, 즉 말참견을 썩 좋아하는 사람이 많고 그런 만큼 변론을 하면 날카로운 데가 있다. 머리가 좋으므로 변호사나 학자, 교사, 평론가 등이 적합하다. 몸을 쓰지 않고 두뇌 노동으로 생계를 세우는 길을 택하는 것이 좋다. 지적인 직업을 택해서 노력하면 어떤 일정한 지위나 사회적 평가를 받는 것은 충분히 가능하다.

호흡기형의 사람은 담백한 성격으로 호흡기가 약하다

호흡기형의 사람은 중정이 발달해 있기 때문에 마름모꼴이 된다. 광대뼈가 발달하고 볼이 여위어 있는 얼굴형이다. 몸은 가냘프고 어깨는 넓지만 가슴이 두텁지 못하다. 이런 타입의 사람은 폐가 잘 발달해 있으므로 공기가 좋은 고장에서 살면 장수할 가능성이 높다.

그러나 이동하는 것을 좋아하는 성질이 있으며, 스포츠나 여행을 할 수 없는 구속이 심한 직장에 들어가면 병이 나기 쉽다. 스포츠를 하지 않으면 건강을 유지하는 것이 어렵고 단명한다. 성격은 담백하고 치근거리지 않기 때문에 남에게 미움을 사지도 않는다. 다만 이런 타입의 사람은 언제나 목의 상태가 나쁘고 병이 나면 제일 먼저 목을 앓게 된다. 공기가 오염되어 있는 고장에 살고, 스트레스가 겹치면 호흡기병에 걸린다. 몸을 앞으로 기울이는 사람이 많은 것도 특징이다.

소화기형의 사람은 기운이 넘치는 대식가이다

소화기형의 사람은 하정이 풍부하고 입이 크다. 그야말로 소화기가 왕성하다고 생각게 할 만큼 복부가 발달한 체형이다. 이런 타입의 사람은 위장이 튼튼하고 잘 먹기 때문에 아무래도 비만이 되기 쉽다. 혈색도 좋아서 안색이 불그스름한 사람이 많다. 몸은 튼튼하지만 몸의 상태가 조금이라도 나쁘면 바로 설사를 하는 체질이다. 식욕은 왕성하고 먹는 양도 많다. 그것이 겹치면 아무리 튼튼한 위장이라도 지탱하지 못하고 소화불량을 가져오게 된다. 식사에 대한 배려를 게을리 하지 않으면 건강을 유지하고 장수할 수 있으니, 연회석 같은 데서 과식을 하지 않도록 주의해야 한다.

이런 타입의 사람은 음식업을 하면 성공한다. 활력이 있고 부지런히 일하는 사람이다. 그러나 땀을 많이 흘리는데다 스태미나가 빨리 소모되는 체질이기도 하다.

근육형의 사람은 터프한 활동가이다

근육형의 사람은 앞에서 말한 타입들이 상정, 중정, 하정의 어느 부위가 특별히 발달해 있는 것과는 달리 그 삼정의 발달이 평균해 있다. 가슴, 몸통, 다리의 각 부위가 어느 쪽으로 편중되어 있지 않고 균형이 잡혀 있다. 따라서 네모진 얼굴 생김새가 되며 몸통은 가슴,

어깨, 복부 다 근육질이며 맵시 있고 단단한 몸매를 하고 있다. 손발은 길고 골격도 잘 발달해 있다. 이런 타입의 사람은 활동하고 있는 편이 병에 걸리지 않는다. 뇌형의 사람과 비교하면 대조적인 타입으로서 공장의 현장 작업원이나 세일즈맨, 신문기자, 경찰, 군인 등과 같이 몸을 많이 움직이는 직업이 적합하다. 스포츠맨, 무술인 같은 것도 적합하다. 집안에서 놀고 있으면 도리어 요절하게 된다.

네 가지 기본 체형이 섞여 있을 경우

이상에서 말한 뇌형, 호흡기형, 소화기형, 근육형의 네 가지 형은 어디까지나 기본적인 체형이다. 기본형을 그대로 가지고 있는 체형의 사람도 있지만 각각이 알맞게 혼합된 체형의 사람이 더 많다. 혼합형에 대해서는 혼합의 정도를 확인한 뒤 판단하게 된다.

체형의 세 가지 타입과 의학적 4분법

이 책의 1장에서 심성질, 영양질, 근골질의 세 체형을 설명했는데 그 기본 체형과 의학적인 4분법에 의한 기본 체형을 비교하면 다음과 같이 된다.

① 뇌형

심성질과 거의 같다고 해도 좋을 만큼 유사하다.

② 호흡기형

심성질에 가깝지만 다른 점도 많다.

③ 소화기형

대체로 영양질과 동일하다고 보아도 된다.

④ 근육형

대체로 근골질과 동일하다고 할 수 있다.

체형에 따라 잘 걸리는 질환

의학적인 4분법에 의한 체형에 따라 걸리기 쉬운
질환은 각각 다음과 같다.

① 뇌형

두통이나 정신 신경 계통의 질환에 걸리기 쉽다.

② 호흡기형

인후염, 기관지염 등으로 목이 상하기 쉽고 기침·담이 잘 나온다.

③ 소화기형

설사하기 쉽다.

④ 근육형

관절이나 근육 계통에 질환이 많다.

몸의 형태를 보면 질환을 알 수 있다

2

상대방에게 어떤 질환이 있는가를 알려면 기본적으로는 다음 세 가지를 조사하면 된다.

① 손바닥
② 얼굴
③ 척추

이상 세 가지로 관측할 경우 각각 다음의 세 가지에 유의하는 것이 중요하다.

· 색깔과 광택은 어떠한가.
· 형은 무슨 형인가.
· 변형(變形)의 상태는 어떠한가.

따라서 병증(病症) 관측법의 구체적인 순서는 다음과

같다.

① 척추는 바른가. 돌출인가? 함몰인가? 혹은 좌우의 어느 쪽으로 벗어났는가? 바르지 않다면 그 위치는 어디인가. 경추(頸椎)인가? 흉추(胸椎)인가? 요추(腰椎)인가? 선추(仙椎)인가? 혹은 추(椎)에서 몇 번째의 뼈인가.
② 골반에 변형이 생겼는가.
③ 어깨의 좌우 높이가 다르지 않은가. 또 어깨가 굽어 있지는 않은가.
④ 얼굴의 변형은? 목의 구부러짐, 얼굴의 좌우 균형, 편도비대나 갑상선의 종창(腫脹) 등에 대해서 관측한다.
⑤ 코에 이상은 없는가.
⑥ 눈에 이상은 없는가.
⑦ 눈썹의 좌우 높이는 같은가. 눈썹의 진하기나 털이 난 상태는 어떤가.
⑧ 목덜미의 좌우 높이는 같은가.
⑨ 견갑골의 좌우 높이는 같은가.
⑩ 간장, 비장의 상태는 어떠한가. 어느 부분이 높이 솟아 있는가에 따라 장기의 병증을 안다.
⑪ 골반의 높낮이 차는 없는가. 골반의 이상에 따라 좌우 허리의 뼈에 고저차가 생긴다.
⑫ 관절부가 울리는 소리나 목소리에 이상은 없는가.
⑬ 호흡의 길고 짧음, 호흡의 난이도 등을 본다.

이상과 같이 체상(體相)에의 관측에 따라서는 기계를 쓰지 않아도 질환을 판단할 수가 있다. "인상학이란 얼굴만을 보는 것이 아니라 인체의 모든 것을 보고 그 사람을 판단하는 방법이다."라고 설명했는데, 그것은 바로 의학적인 분야에까지 활용할 수 있음을 의미하고 있는 것이다.

어깨와 견갑골을 보면 질환을 알 수 있다

양 어깨의 높이를 보면 건강상태를 알 수 있다

사람이 무의식중에 취하는 자세는 그 사람의 골격은 물론 내장의 건강상태를 자연스럽게 반영하고 있다. 약한 부분이 있으면 그것을 감싸려고 하기 때문에 자세에 변화가 생기기 마련이다. 내장의 대부분이 상반신에 있으므로 내장의 이상은 상반신의 자세에 영향을 미친다.

어디가 이상한지 판단하는 가장 간단한 방법은 서 있는 자세나 앉은 자세를 살피는 것이다. 좌우의 어깨 높이가 같으면 아무 이상이 없다고 봐도 무방하지만 어느 쪽이건 한쪽이 낮아져 있을 때는 정상으로 기능하고 있지 않은 부분이 있다고 보면 된다.

낮아져 있는 어깨가 오른쪽이냐 왼쪽이냐에 따라 그 사람의 체질이나 걸리기 쉬운 질환은 다음과 같이

236

달라진다.

· 오른쪽 어깨가 낮은 사람

본래 소식가이다. 그러나 어떤 관계로 오른쪽 어깨가 낮아졌을 때는 갑자기 대식하는 경우가 있다. 12세 이하의 어린이로서 오른쪽 어깨가 낮아지고 있을 경우는 영양불량으로 식욕이 없고 여윈 형일 것이다. 감기나 임파선염에 걸리기 쉬우니 주의한다.

· 왼쪽 어깨가 낮은 사람

대식가이다. 12세 이하의 어린이로서 왼쪽 어깨가 낮아지고 있는 경우는 목의 상태가 1년 내내 나쁘고 눈이 쉽게 충혈 되거나 설사를 자주 할 것이다. 45세 이상의 여성으로서 왼쪽 어깨가 낮아지고 있는 사람은 눈병에 걸리기 쉽고, 일찍부터 돋보기를 쓰게 된다. 남성으로서 45세 이상의 사람은 영양을 너무 취한 나머지 뇌출혈 등을 일으키기 쉽다.

견갑골의 위치로 질환을 알아내는 법

견갑골은 등의 상부에 있는 좌우 한 쌍의 삼각형 뼈를 말하는 것인데 좌우 견갑골의 균형만 잘 살펴보아도 그 사람의 건강 상태를 판단할 수 있다. 다만, 이럴 경우 판단하는 사람은 상대방의 뒤쪽에 서서 상대방의 후두부 위쪽으로부터 관찰하지 않으면 안 된다. 즉 여기서는 견갑골의 높낮이가 아니라 앞뒤로 기울어진 정도가 문제된다.

좌우 견갑골의 위치 관계는 다음의 일곱 가지 타입으로 분류되는데, 각각에 특징적인 체질이 있다.

① 정상형

좌우의 견갑골이 가지런히 바른 형. 건강에 문제가 없다.

② 좌우 전굴형(前屈型)

전흉부(前胸部)에 걸쳐서 좌우의 견갑골이 좁아진 부정형(不正型). 감기에 걸리기 쉽고, 폐나 기관지에 이상을 일으키기 쉽다. 가슴이 압축되고 폐 면적이 좁아져서 이른바 '결핵형(結核型)'의 체형이 되고 있다.

③ 좌우 후굴형(左右後屈型)

견갑골이 좌우 모두 뒤쪽으로 벌어져 있는 부정형. 이런 형의 사람은 위장, 비장, 췌장에 이상이 있는 것으로 판단한다.

④ 좌전굴형(左前屈型)

오른쪽은 정상이지만 왼쪽의 견갑골이 앞으로 기울어 있는 부정형. 동맥경화증, 냉증(冷症)이 되기 쉽다. 또 심장의 좌측 폐에 혈액의 부족이 생기기 쉽고 폐결핵일 때는 좌측 폐에서 발병한다.

⑤ 우전굴형(右前屈型)

왼쪽은 정상이고 우측만 전굴인 부정형. 우폐(右肺) 및 심장의 우측 혈행(血行)이 불량하기 때문에 정맥류(靜脈瘤)나 피부병 등에 걸리기 쉽다. 피부의 색이 거무튀튀한 것이 특징이다.

⑥ 좌후굴형(左後屈型)

오른쪽은 정상이지만 왼쪽의 견갑골이 뒤로 벌어져 있는 부정형.

뚜렷한 증상은 없지만 이런 형은 허리에서부터 발에 걸친 하반신 도한(盜汗)이 나는 경우가 많다.

⑦ 우후굴형(右後屈型)

왼쪽은 정상이고 우측만 후굴의 부정형. 상반신에 식은땀을 흘리는 사람이 많은 것이 이런 형의 특징이다.

이상과 같이 견갑골의 좌·우, 전·후굴을 조사하는 것만으로도 그 사람이 걸리기 쉬운 질환이나 체질을 알 수 있다. 인상학이란 의학 분야까지 영향을 미치는 것으로 아주 넓은 영역을 차지하고 있다. 물론 의학적 인상학을 상세히 취급하면 더 많은 설명이 필요하지만 본서에서는 여기까지만 알아두기로 한다. 이것만으로도 다른 사람을 한눈에 파악할 수 있는 특별한 기술을 터득했다고 할 수 있으니 꼼꼼히 읽고 머리에 새겨 두루 널리 활용하기 바란다.